廖仲恺故事

LIAO ZHONGKAI GUSHI

余德富　方文良◎著

SPM
南方出版传媒
广东人民出版社
·广州·

图书在版编目（CIP）数据

廖仲恺故事/余德富，方文良著．—广州：广东人民出版社，2012.8（2019.5重印）
ISBN 978-7-218-08083-3

Ⅰ．①廖… Ⅱ．①余… ②方… Ⅲ．①廖仲恺（1877～1925）—生平事迹 Ⅳ．①K827=6

中国版本图书馆CIP数据核字（2012）第189406号

Liao Zhongkai Gushi
廖仲恺故事
余德富　方文良　著

出 版 人：肖风华

责任编辑：余建清　王红星
封面设计：友间文化
责任技编：周　杰　吴彦斌

出版发行：广东人民出版社
地　　址：广州市海珠区新港西路204号2号楼（邮政编码：510300）
电　　话：（020）85716809（总编室）
传　　真：（020）85716872
网　　址：http://www. gdpph. com
印　　刷：天津画中画印刷有限公司
书　　号：ISBN 978-7-218-08083-3
开　　本：787毫米×1092毫米　1/16
印　　张：11.75　　字　数：120千
印　　数：10000
版　　次：2012年8月第1版　2019年5月第2次印刷
定　　价：29.00元

如发现印装质量问题，影响阅读，请与出版社（020-85716849）联系调换。
售书热线：（020-85716826）

序

今年是廖仲恺先生诞辰135周年。惠州市与仲恺高新技术产业开发区关心下一代工作委员会联合组织编写的《廖仲恺故事》出版了。这是全市与高新区文化生活中很有意义的一件事情。我怀着虔敬的心情阅读了此书，深感受益良多。

廖仲恺先生是我国近代伟大的爱国主义者，杰出的民主革命家，中国国民党左派主要领导人，中国共产党的真挚朋友。廖仲恺先生一生追随民主革命的伟大先驱孙中山先生，积极实践三民主义政治理念，忠实贯彻“联俄、联共、扶助农工”三大政策，堪称孙中山先生晚年最坚贞的战友、最得力的助手。仲恺先生还是举世闻名的黄埔军校主要创始人之一。他一生为了民族独立、国家富强、人民幸福，艰难拼搏，鞠躬尽瘁，杀身成仁，舍生取义，以其卓越的功勋名垂青史，流芳百世；以其贫贱不移、威武不屈、廉洁奉公、勇于牺牲的高风亮节，永远活在亿万民众以及家乡父老乡亲、子孙后代的心中。

缅怀仲恺先生，就要继承仲恺精神，一息尚存，奋斗不已，攻坚克难，无私奉献；纪念仲恺先生，就要弘扬仲恺文化，勇于进取，善于创新，顺应潮流，与时俱进；学习仲恺先生，就要严于律己，坚持社会主义核心价值体系，永远不辜负桑梓父老的殷切期望，永远不忘记民生赋予的神圣职责，精神日新，德行日新；崇仰仲恺先生，就要加快经济发展方式的转型升级，取得更多的实绩，做出更大的贡献！

我到高新区任职多年，对于仲恺先生的光辉形象素怀“高山仰止，景行行止。虽不能至，然心向往之”之情。与高新区的父老乡亲、兄弟姐妹一起打造“仲恺”品牌，致力于高新区的现代化建设，报效家乡，报效祖国和人民，一直是我与班子所有同志的愿景，并坚信定能达成。

《廖仲恺故事》的作者余德富、方文良先生曾分别执教于仲恺农业工程学院（广州）、仲恺中学（惠州），业已退休多年。长期以来，他们致力宣传廖仲恺、研究廖仲恺，曾筹办廖仲恺何香凝纪念馆（室），共同撰写《廖仲恺遇难记》，至今仍任惠州市廖仲恺何香凝研究会顾问、副会长，为弘扬仲恺文化孜孜不倦地工作着。这本《廖仲恺故事》，就是两位先生汗水与心血的结晶。全书史料翔实，叙议严谨，既可独立成章，又是完整的人物传略。语言通俗流畅，人物形象栩栩如生，细节真实生动，篇幅短小精悍，图文并茂，具有鲜明的文学色彩，实为宣传仲恺史迹、弘扬仲恺文化的佳作。

谨遵余德富、方文良两位先生之嘱，欣然命笔，是为序。

钟东

2012年6月12日

（作序者为中共惠州仲恺高新技术产业开发区委员会书记、关心下一代工作委员会名誉主任）

目录 CONTENTS

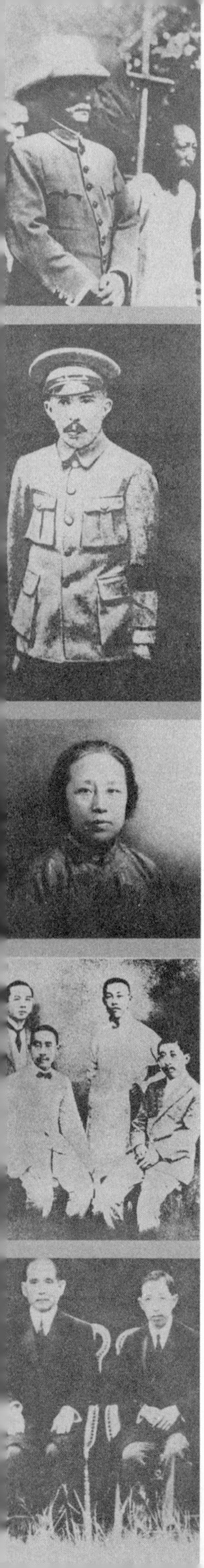

一、少年仲恺中国心

1877年4月23日，那是一个春风送暖、百花吐艳的日子，在美国西部加利福尼亚州首府旧金山市一个华侨家庭里，一个男孩呱呱降生了，他就是本故事的主人公。

男孩的父亲廖竹宾、母亲梁氏、哥哥廖恩焘笑逐颜开，父亲给男孩起名廖恩煦。取意感恩上苍，也期盼儿子给家人带来温暖的阳光和希望。待二十年后廖恩煦结婚时，才按旧中国习俗起个“字号”叫廖仲恺。这是后话了。

且将男孩放下不表，先说说他的父亲廖竹宾。廖竹宾出生于中国广东归善县鸭仔埗（今惠州市惠城区幸福村）窑前村。

廖仲恺的出生地——美国加利福尼亚州旧金山

青年时代，跟随经商的父亲廖景昌在香港定居，进入教会开办的圣保罗书院读书。年轻的廖竹宾天资聪颖又勤奋好学，取得优异成绩，且品学兼优，毕业后受聘于香港汇丰银行履职，不久调到汇丰银行旧金山分行服务，即显能力超群，业绩非凡。1875年升为该行副经理，成为旧金山华人社会中的佼佼者。

廖竹宾虽然洋装穿在身，但胸怀一颗赤诚的中国心。他独资在旧金山开办第一所华人小学。校长请他去演讲，廖竹宾勉励小学生说："我们的根在中国，一定要勤奋读书，学好中华文化，为中国争光，为华人争气！"

"虎父无犬子"，"少年当自强"。廖恩煦从小聪慧，在父亲的熏陶指导下，三岁开始诵读唐诗宋词，五岁学孔孟之道，七岁写得一手"颜筋柳骨"的毛笔字，八岁入读美国学校修习英语，同时，每天下午到华人区陈馨甫书馆攻读中文。自此，他对中国语言、历史文化、优良传统了解渐多。慢慢地又像父亲一样，怀揣一颗"中国心"。

在美国华侨、华人的家庭里，家人之间几乎全都是讲中国话。廖竹宾一家讲的是中国客家话。少年廖恩煦问父亲："阿爹，我们讲的话为什么是客家话呀？"廖竹宾说："我们中国是一个有56个民族的伟大国家。每个民族都有自己的语言。其中最大的民族——汉族在各地都有不同的方言。而客家话是汉族方言中的一种。我们汉族，始居中原，因古代战乱和饥荒，迁徙各地，被称为'客家人'，其语言也被称为'客家话'。你祖父就是客家人，清道光年间，从福建迁到广东归善县鸭仔埗。初以耕田为生，后改往香港打工经商，把我和你叔父廖竹岗培养成人。”

叔父廖竹岗，又名维杰，字紫珊，是香港社会的上层人物。曾任香港招商局总办和电报局总办。后来，廖恩煦在香港皇仁书院读书、谈婚时，都受到这位叔父的关照。这又是后话了。

随着年龄的增长，廖恩煦逐渐懂得世事，心中开始萌生爱国之情。他了解到，旧金山这块地原是不毛之地，19世纪中期，这里发现了大型金矿，掀起疯狂的“淘金热”。来自广东、福建沿海一带的“猪仔”华工们，成为廉价的淘金苦力。据当时粗略的统计，旧金山

童年时的廖仲恺

地区的夏季约有3万华工，冬季增至7万余人。除了淘金，华工还从事修筑铁路、建高楼、治涝洼等苦活。工作极为艰苦而收入低微，华工们用血汗造就了旧金山的繁华。1877年，美国发生经济危机，很多工厂倒闭，商业萧条，大批工人失业。资本家为了摆脱困境而狡猾地转移目标，把矛头指向华人。加利福尼亚州议会还制定了许多排华、反华律例。美国流氓、无赖之徒常在华人居住区寻衅闹事，焚烧华人财产，无故殴打华人，掀起一波又一波的排华浪潮。童年和少年的廖恩煦耳闻目睹这一切，逐渐体会到侨居异国“寄人篱下”、受人歧视的苦味，也逐渐加深了思念祖国、思念故乡之情。

在一个月明霜冷的夜晚，廖恩煦默诵着唐诗：“床前明月光，疑是地上霜。举头望明月，低头思故乡。”诵完后心绪难平：故乡啊故乡，我的故乡在哪里？我的故乡现在怎样了？

1892年，廖恩煦年迈的父亲廖竹宾积劳成疾。那时，他的母亲梁氏已经病逝，而比他年长十多岁的哥哥廖恩焘已经回国当官多年了。身边只有一个年幼的妹妹廖静仪。15岁的廖恩煦开始操劳家务，帮父亲理财，常常和妹妹在床前照顾患病的父亲，喂药喂粥端茶倒水。他知道，孝道是中华民族的传统美德，服侍有病的父亲是儿女应尽的孝道。廖竹宾在一双儿女的精心护理下，病情略有好转。

不久，廖竹宾按照旧中国的“冲喜”习俗，在病情稍有好转的情况下“续弦”，取张氏为妾。张氏也就成了廖恩煦的后母。

然而廖竹宾所谓的“冲喜”习俗是没有科学根据的。张氏入门后，虽然给廖家带来一阵喜气，也照顾廖竹宾饮食起居，但并不能减轻廖竹宾的病情。

1893年夏天，廖竹宾把儿子廖恩煦叫到床前，声音低沉地说：“我的油灯快尽了。我归天之后，你把我送回故乡，葬在故乡的山上，这叫落叶归根。记住啊，我们的根在中国！要永远爱自己的国家！”

廖恩煦心中一阵悲凉，重复着父亲的话：“落叶归根！我们的根在中国，要永远爱自己的国家！”“爹，儿记住你的话了。你放心吧！你还有什么要说的吗？”廖竹宾说：“你长大了，要清清白白地做人，勤

回国前的廖仲恺

勤恳恳地做事。你知道吗，中国农历年有十二生肖的讲法，你是牛年出生的，属牛！牛是农民的忠实朋友，吃的是草，而帮农民耕田，奉献谷米。”廖恩煦默默地点着头，心中说，我属牛，要像牛一样，帮农民耕田，奉献谷米！廖竹宾又说：“中国传统女人有缠足旧俗，我们客家人不兴这一套。将来你结婚娶妻，不能娶缠足的小脚女人，要娶大脚姑娘……”16岁的廖恩煦，凝望着父亲干瘦而慈祥的脸庞，聆听着父亲声声嘱咐，心里一酸，眼睛立刻湿了。这年秋天，廖竹宾在美国旧金山与世长辞了。

二、护父灵柩回故乡

父亲病逝，让年仅16岁的廖恩煦悲痛万分。而此时又值后母张氏身怀六甲，妹妹静仪尚年幼，父亲的丧事只能靠廖恩煦倾力办理。他要遵照父亲的遗嘱把父亲遗体护送回国，安葬在故乡的青山上。

廖恩煦那时个子矮小，身高不足1.6米，但精明干练，说得一口流利的英语和标准的中国客家话，目光炯炯有神。他擦干眼泪，在旧金山华人居住区的唐人街棺材铺，选购一具漆得油亮的上等大红棺木。他又向远在日本做外交官的哥哥和在香港经商的叔父报丧，商定有关廖竹宾灵柩启运回故乡的细节。接着，廖恩煦收拾行装，处理财物，做好举家回国的准备。当年，航空业空白，中美只有轮船通航。要漂洋过海，行程十分艰辛。在旧金山华人的帮助下，廖竹宾的灵柩运抵旧金山港口码头，很多亲朋故旧前来送别。廖恩煦泪眼汪汪，扶着父亲的灵柩上了轮船，后母和妹妹跟在后面，悲泣不已。"呜——"轮船汽笛长鸣一声，起航了！廖恩煦从此离开他的出生地美国旧金山，再也没有回来过。当年的轮船只有几千吨级，在横无际涯的太平洋上，简直是沧海一粟。时值秋天，正是风高浪急的季节。轮船起航不久，风浪就越来越大。滚滚的巨浪高达几米甚至十几米，轮船时而被抛上浪尖，时而又沉下浪谷，颠颠簸簸。大多数乘客晕船，呕吐起来。廖恩煦的后母怀有身孕，呕吐得更为厉害，脸色苍白，呻吟之声虚若弦丝。妹妹廖静仪呕吐也不轻。廖恩煦以坚强的意志和毅力，克服晕船，尽力照顾后母和妹妹。

从旧金山到香港，横跨波涛汹涌的太平洋，航程二十多天。乘客们精疲力竭，廖恩煦全身像散了架。

轮船终于抵达香港。在廖竹岗的张罗下，廖竹宾沉重的灵柩经汽车、人力车和“忤作佬”扛扛抬抬，终于运回了鸭仔埗窑前村。廖恩煦全程护着父亲的灵柩，寸步不离。回到故乡窑前村，他才松了一口气。

廖竹宾的灵柩从美国万里迢迢运回故乡，惊动了鸭仔埗十几个小山村。很多村民前来吊唁或看热闹。有些村民不解地问：美国也有豪华的私家陵园，何苦这样执着要返回鸭仔埗这个穷山瘦水的地方？也有村民说：千好万好不如家乡好，落叶归根，魂归故里，先人在故土安息，可荫庇后人啊！

廖竹宾的葬礼按照客家人的风俗在窑前村隆重举行。沉重的哀乐，忧伤的丧曲在小山村的上空回荡。大红棺木摆在老树下，秋风不时吹下几片落叶。廖恩煦举家披麻戴孝，跪在灵柩前哭诉衷肠。前来送葬的人越来越多。除了村民乡亲，还有很多陌生的面孔。他们主要是廖家嫡亲，还有众多亲朋好友，分别来自美国、日本、中国香港、省城广州和县内各地。在鸭仔埗村民看来，廖家真是个了不起的大户人家。

出殡的时候，逝者的两个儿子廖恩焘和廖恩煦轮流捧着香炉。长子廖恩焘，字凤舒，时年28岁，任清朝驻日本外交官，刚从东京赶回来，次子廖恩煦，未婚无“字”， 护父灵柩从美国归来。兄弟俩神色凝重，洒泪扶柩而行。

廖竹宾的墓地选择在距窑前村数里之外的一座不知名的小山。按当地的“风水先生”说，这里风水好，左青龙，右白虎，后面有个“托”，前面有个“锅”。果然，小山后面有高山（意为“托”），山前有个大水塘（意为“锅”）。廖氏兄弟虽不相信“风水”，但对父亲的墓地也相当满意。廖恩煦放眼四周，只见青山绿水 ，山上苍松挺拔，花草鲜茂，山间溪流清澈，婉转绵长，山下一塘，水光潋滟。心中不禁啧啧赞叹：故乡山水真美！

葬礼毕，村民和宾客各自散去，悲鸣痛彻多天的廖家逐渐恢复了平静。

廖家祖屋是当地标准的客家屋，泥砖青瓦泥地板，木阁棚楼木门窗，是廖恩煦祖父廖景昌在清道光年间从福建迁来窑前村时所建。年久失修，已经破旧不堪了。从小居住美国城市楼房的廖恩煦初时很不习惯，如今办完父亲丧事，兄弟俩坐在煤油灯前交谈起来。少年廖恩煦摸着口袋里的美国护照，对着兄长说：“哥，你把我带到东京去吧。”廖恩焘理解、疼爱不已，自古说“打虎不离亲兄弟”，但他从实际出发，对弟弟进行耐心的劝说：“你暂时不能去日本。你想想，谁在家照顾后娘和妹妹？我在日本当外交官也不容易啊，朝廷无能，国家积弱，受人欺侮。弟弟你在成人之前，要在家乡认真读书，将来考秀才，中举人，好做官。还有一件重要的事就是给父亲扫墓、上香！”廖恩煦懂得，父亲不在，长兄为父。他不敢违抗兄意，只好默默地点头。

廖竹宾葬礼后几天，廖恩焘离开家乡到日本继续当外交官去了，而廖恩煦则留在故乡的小山村……

三、海归之犊勤读书

廖恩焘、廖恩煦是中国第一代海外归侨。20世纪新闻媒体称之为“海归”。自从廖恩焘再赴日本当外交官之后，廖恩煦在家乡就专心勤奋读书了。

当年的农村流行私塾。鸭仔埗有一位秀才叫梁缉椵，开办的私塾颇有名气。1894年春，廖恩煦就跟随塾师梁缉椵学习经史策论，准备参加科举考试。经史策论内容古旧，涵盖“四书五经”和“十三史”等。其中“四书五经”包括《大学》、《中庸》、《孟子》、《礼记》、《周易》、《尚书》、《诗经》、《春秋左传》等，均为华夏文化之精粹，炎黄历史之华章。梁缉椵要求廖恩煦首先必须熟读“四书五经”，有的篇章必须死记硬背。廖恩煦无可奈何，只得照办。

白天在私塾馆里啃，晚上回到家中还得熬。当年没有电灯，点灯的火水油也非常短缺。农家晚上照明点的豆油灯或松香木，甚至篱笆竹。廖家条件比其他村民家稍好，点的也是豆油灯而已。一个小碟子盛着豆油，一两条粗棉线，点燃棉线，这就是油灯了。要调节灯光亮度，还得不时拨动棉线，淡黄色的灯光在风中晃动，廖恩煦在灯前正襟危坐，挑灯夜读，常常读至闻到报晓的鸡鸣声。

这一年，廖恩煦的后母张氏分娩，生下廖竹宾的遗腹子，起名廖恩勋。有时，廖恩煦还得帮忙照顾这个同父异母的弟弟，帮忙做打柴、烧火、扫地等家务，忙得不亦乐乎。但不管怎么忙，都没有忘记读书，把“四书五经”的主要章节名言警句背得滚瓜烂熟。

一天塾师梁缉暇讲授《孟子》“滕文公下”篇，问廖恩煦：“何谓大丈夫？”廖恩煦不假思索背诵起来：“孟子曰：居天下之广居，立天下之正位，行天下之大道，得志，与民由之，不得志，独行其道。富贵不能淫，贫贱不能移，威武不能屈，此之谓大丈夫。”

塾师又问：“你如何理解？”

廖恩煦答：“住天下的大屋，站在天下正确的位置上，走光明正大的道路。得志的时候要听听老百姓的诉求，为民造

廖仲恺故乡，广东省归善县鸭仔埗旧貌

福；不得志的时候也要坚持原则，不走邪门歪道。富贵的时候不骄奢淫逸，贫贱的时候不改移节操，受到威武压迫时不屈服于权势，这样才叫大丈夫！”

塾师点头称道：“愿你将来能成为大丈夫！”

廖恩焘还把孟子“富贵不能淫，贫贱不能移，威武不能屈”的名句用毛笔书写成小牌放在案头右侧，作为座右铭。

读书之余，少年廖恩焘有时也跟随村里的小伙伴放牛。他知道自己生于牛年，在十二生肖中属牛，所以对牛有一种无以名状的敬重之情。参与放牧的牛，虽不是自家的，但一样对牛爱护有加，牵着牛到水草茂盛的河边、山坡放牧。家乡的水牛皮色乌亮，体硕壮健，一对大眼，凝望着身穿旧西装的廖恩焘，充满友善，摇摆着粗大的尾巴。廖恩焘轻轻地拍几下牛背，大水牛则温顺地趴在地上，让廖恩焘像其他放牛娃一样爬到牛背，这是他第一次骑牛，既兴奋，又害怕。但这头大水牛慢悠悠平稳地前行一段路之后，又趴在地上，让廖恩焘落地。他更加喜爱农家牛了。心想：耕牛，农民的好朋友。我属牛，也要成为农民的好朋友啊！

1894年7月25日（农历甲午年六月二十三）中日甲午战争爆发，中国战败。消息传到鸭仔埗的小山村，已经是深秋时节了。17岁的廖恩焘对时局特别关心，他从哥哥少有的来信中和当地稀有的报纸上了解到大概情况：甲午战争中国战败后，腐败无能的清朝政府被迫与日本签订了不平等条约。中国面临被瓜分的危机。朝野怨声载道，各派政治力量纷争不止。“保皇派”和“维新派”斗争最为激烈。维新派主张废科举，兴新学，变法图存。这一主张传到民间，动摇了廖恩煦原来考科举求仕途的信心。

18岁的廖恩煦跨入成年人阶段，思想日趋活跃。对如何走自己的人生道路也逐渐形成自己独立的见解。他开始主动写信给在香港的叔父廖竹岗联系，申明自己欲到香港求新学的意图。

廖竹岗几经考虑，终于答应了侄儿的多次恳求，并联系了香港皇仁书院学位，让廖恩煦择日来香港读书。

1896年春暖花开的时节，廖恩煦在家乡再一次拜祭了父亲廖竹宾。他默跪在墓前祷告着：爹啊爹，我在故乡三年了，每年都来谒拜你。如今我要到香港求新学，保佑我吧，让我学有所成，报效祖国。我牢记着你的遗教：我们的根在中国，要永远爱自己的国家……

廖恩煦依恋地遥望着家乡的山峦、村落、农田、耕牛，告别后母和弟妹及父老乡亲，踏上了新的人生旅途……

四、天赐大足结良缘

1896年春，19岁的廖恩煦怀着求学报国大志来到香港，在叔父的关照下，进入皇仁书院读书。

皇仁书院位于港岛湾仔区，其前身是1862年创立的中央书院。这是一间主要研究中国经典的旧学。1894年为顺应“兴新学”潮流，更名为皇仁书院，改为教授算术、文法及常识等科目为主，除中国语文外，全用英语教学。是名副其实的“新学”，为19世纪香港所罕见。

在廖恩煦入学前，孙中山曾经在这所学校就读过。按现在的说法，孙中山就是廖恩煦的校友、“师兄”。

1896年廖仲恺入读的香港皇仁书院

香港是中国神圣领土的一部分。鸦片战争后，成为英国殖民地。是中西文化交汇的地方，有“东方之珠”之称。廖恩煦在这块既有国耻印记又有人类文明的土地上，接受“新学”教育，对他报国爱民思想的形成起到一定的作用。

皇仁书院的校舍建筑，也有中西方合璧的风格，校园树木葱茏，幽静清雅，是个读书佳境。廖恩煦非常珍惜求学时光，摒弃杂念，毕力攻书，成绩优秀，受到叔父廖竹岗的开心赞许。

一天，叔父对廖恩煦说:“我和你父亲兄弟一场，情深义重。我希望你早日成才，同时也该早日成家，好让你父亲在九泉之下含笑欣慰。”廖恩煦说：“谢谢叔父关照。我一定用功读书，成家的事就缓一缓吧？”

“不！”叔父说，“男大当婚，女大当嫁。成才与成家可以两不误。你快二十岁了。我也迈向古稀之年，今日不知明日事，必须让你尽快成家，我才放心啊！凭我在香港的人面，帮你在香港上流社会物色一位千金小姐为妻，应该是不成问题的。”话已至此，廖恩煦望着叔父慈祥而严肃的神情，只能默默点头。

廖竹岗曾任香港招商局总办和电报局总办，娶一妻六妾，共生9个儿子，18个女儿，是家大业大的香港社会上层人物。如今，他要为侄儿在香港上流社会物色一位千金小姐为妻，的确并非难事。果然，口风一经放出，各路媒人纷至沓来。媒人都有三寸不烂之舌，个个都把自己介绍的千金小姐吹得沉鱼落雁，闭月羞花。廖竹岗均表满意，可是一问廖恩煦，尽摇头。廖竹岗几乎发火了：“难道你真的想要一位天仙？”

廖恩煦说：“不，我想要一位大脚姑娘。父亲临终前嘱说，我们是客家人，要按客家人的习俗办，要娶大脚女人为妻。现在媒人们介绍的千金小姐都是扎脚缠足的三寸金莲，走路一摇三摆的，我看不惯，也不合父亲遗愿。”

在清朝，有妇女缠足的陋习。特别是所谓的上流社会，女性缠足被视为时尚美。所以在香港有钱的大户人家，不缠足的女人极为稀少。就在廖家重新放出口风要寻觅大脚千金小姐的时候，一位媒人上门了。

媒人说：“真是天公生眼，人间奇缘。你们廖家要找的不扎脚的千金，有了！”

原来不扎脚的千金是香港大地产商何炳桓一位芳龄十九的女儿何香凝！

何炳桓，祖籍广东南海县花棣棉村（现隶属广州市荔湾区海南行政村）。先是农民，后到澳门经商，再到香港开小杂货店、中药铺乃至颇有规模的“祥安”茶行。积累资本后，“炒”地皮、楼宇，一本万利，成为香港富商。

何香凝，名谏，又名瑞谏，1878年6月27日（清光绪四年五月二十七）生于香港，在兄弟姐妹12人当中排行第九。在家中被称为九小姐。她从小聪颖，爱听太平天国不缠脚的女兵英勇反清杀敌的故事，爱读唐诗宋词，还喜爬树，养成外柔内刚的性格。他的父亲虽然聘请教师在家里办了私塾，但认为“女子无才便是德”，不准女孩入塾就读。何香凝通过强烈抗争，要求读书，父母只好把她送到邻近的“女书馆”学习了几个月。后来她就靠勤奋自学，买来书本，偷偷地跟哥哥们学起来。有不懂的字，通过女佣人去问塾师。通过学习，她懂得很多道理，连父母也感到惊奇。何香凝七岁那年，父母就按照女人缠足的习俗，强制对她施行“小脚手术”，用热水浸泡双脚，再结结实实地缠扎一层又一层的纱布。痛得小香凝极力抗争：“我不缠足！我要大脚！”但抗争无效。

何香凝拍拍脑袋动脑筋，想出了抗争办法：将小剪刀收藏在祖先祭坛的香炉下，当夜深人静之时，便将脚上缠足纱布剪去。次日，自然受到父母的责骂，再被缠上，深夜再剪，剪了又缠，缠了又剪。如此经过几十个回合，也不怕父母打骂，坚强不屈。父母无奈只好由她算了。就这样，何香凝长成一双大足，成为香港富裕人家少有的大脚千金小姐。她的父母甚至为此操心过：大户人家谁愿意娶个大脚媳妇呢？如今风闻姓廖的大户人家要寻大脚千金做媳妇，何炳桓夫妇喜出望外，连忙托媒人去撮合女儿的婚事，并许下媒礼重金。

廖竹岗对地产富商何炳桓也早有所闻，让侄儿娶其女儿为妻，也算门当户对。廖恩煦虽未和何香凝谋面，但听闻她是个外柔内刚敢于反对缠足的大脚姑娘，不禁心中窃喜：天赐良缘，儿可遂父愿矣！ 媒人不费吹灰之力，顺风顺水就把廖何两家的婚事撮合成功了。

五、“双清楼主”论国事

1897年10月，金秋时节。一个古色古香的婚礼在中国南方的广东省省城广州市珠江南畔的廖公馆举行。

新郎原名廖恩煦，二十岁成婚前才起“字”叫仲恺。新娘是香港富商的千金小姐何香凝，芳龄十九。

主婚人是廖仲恺的胞兄廖凤书（廖恩焘）。他是清朝廷派驻日本多年的外交官，比廖仲恺年长十二岁。父亲不在，长兄为父。他专程从日本回国，操办胞弟的婚事，要把胞弟的婚礼办得隆重，体面，有声有色。

廖公馆坐落在广州市珠江南畔距江边不足百余米的地方（现海珠区同福西路龙溪新街42号）。当年，珠江上没有桥，市内机动车也少。新娘和两个陪嫁丫头以及担抬嫁妆一干人等，从香港取水路乘木船过来。装饰得五彩缤纷的木船刚在江边的木码头靠泊，岸边的鞭炮声、唢呐声、锣鼓声已经响彻长空。大花轿早在江边恭候着新娘，新娘子身穿闪烁着珠光金辉的婚衣、头披红纱布，由两个陪嫁丫头搀扶着，离船上轿。一路上，迎亲队伍吹吹打打放鞭炮。顷刻便到了宾客如云、水泄不通的廖公馆。

新郎头戴插花礼帽，身穿马褂长袍，迎候在廖公馆门前，花轿一到，即趋步向前，搀扶新娘下轿。廖凤书夫妇接受新郎新娘的礼拜，新郎新娘拜过天地祖宗神位后，拱手对拜。廖仲恺用几乎颤抖的手轻轻揭开新娘的红头巾，只见何香凝眉清目秀，朱唇皓齿，脸色祥和，刚柔并蓄，心中不禁大喜：好漂亮的大脚千金！

婚后，廖仲恺何香凝寄住在哥哥家中。廖公馆是一座砖木结构的大屋。虽然比较宽大，但廖凤书有子女10人，还有佣人、丫头，人多嘈杂。初时，廖仲恺何香凝住在首层一个房间，后为了静心读书，减少与嫂子矛盾和避免侄儿侄女们的嬉闹干扰，便在二层西北角的晒台上搭了一间小屋居住。

这间小屋虽然矮小简陋，但独居高处，白天可以静心读书，晚上可以欣赏珠江夜色。江面小艇渔火点点，入夜倾听渔

1897年10月廖仲恺和何香凝结婚时住过的房子“双清楼”旧址

歌唱晚，别有一番情趣。尤其在月明星稀的晚上，皓月凌空，珠江如练，水面如镜，静影沉璧，更有一番诗情画意，令人陶醉。喜读诗词的廖仲恺、何香凝讨论着要给这楼台斗室撰名，小夫妻争争吵吵，各抒己见，最后一致同意定名为“双清楼”，取人月双清之意。此后，何香凝自命为“双清楼主”，以此雅号署名作画。廖仲恺也把自己的诗词集取名为《双清词草》。再后来，他们夫妇把在广州东山自建较大的楼房也叫“双清楼”。此后，他们一生投身革命，官至要职，一样清清白白做人，勤勤恳恳做事，一身正气，两袖清风。后人也就将廖何两位尊称为“双清”了，有《双清文集》、《双清诗画集》、《双清传略》等传世。

廖仲恺、何香凝在此处“双清楼”一住就是五年（此“双清楼”旧址于1982年被广东省人民政府列为广东省重点文物保护单位）。在这五年中，廖仲恺得到何香凝体贴入微的照顾及经济帮助，得以完成在香港皇仁书院的学业。而廖仲恺常向何香凝谈及时事，搜集新书刊供她阅读并细心辅导，帮助她开阔视野，提高她对国家和世界大事的认识。

由于清政府腐败无能，1900年8月，八国联军洗劫北京，大量珍贵历史文物惨遭毁坏。慈禧太后挟光绪皇帝仓皇出逃。1901年9月，清政府与英、俄、美、德、法、日、奥、意、西、荷、比11国在京签订《辛丑条约》。中国要向列强割地赔款，出让资源。

消息传来，廖仲恺何香凝甚为激愤。一向文雅的廖仲恺拍着桌子大骂："清廷一班饭桶净干丧权辱国之事，如此下去，不亡国才怪！"何香凝也气愤异常，清秀的脸庞涨得通红："国家兴亡，匹夫有责！仲恺，我们该怎么办？"廖仲恺摇头长叹，一时答不上来。但他心潮澎湃，思考着夫人提出的问题：国家兴亡，匹夫有责，我仲恺该怎么办？中国面临着亡国的危机，但中华民族是伟大的民族，每当民族危亡的时刻，总会涌现一大批爱国志士仁人，都会以不同的方式寻求救国之路。中国近代民主革命先行者孙中山早已奔走海外，宣传反清救国。一批又一批知识分子出洋留学，寻求救国真理。其中到日本留学的人更多。一因日本维新后从弱小国家成为世界列强之一，科学昌明，很多经验可以借鉴；二因中日是一衣带水的邻邦，留学费用不高，所以吸引了不少中国留学生。血气方刚的廖仲恺也被求学风气所吸引，婉拒了叔父和哥哥要他进入清朝官场的意见，决定去日本留学，企盼结识孙中山等革命家，寻求救国之道。但是，廖仲恺经济据拮，又得不到叔父和哥哥的资助，留学计划无法成行，故常常唉声叹气，夜难入寝。

贤惠的妻子何香凝，深知丈夫的宏图大志，毅然决定变卖奁饰，助丈夫成行。她陪嫁的珠宝、翡翠、玉石、金银首饰不少，每一件都是心爱之物。为了丈夫，她把大部分奁饰变卖了，连同做女儿积存的私房钱，凑够三千多银元，交给廖仲恺作为东渡日本的路费和学费。廖仲恺深情地拥抱爱妻，激动地说：“决不辜负你的期望，一定尽毕生之力救国救民！”

1902年秋，廖仲恺在广州珠江河畔与妻子依依惜别，经香港坐轮船东渡日本留学去了。

同年冬，何香凝也离开住了五年的“双清楼”，追随丈夫的脚印，赴日本与廖仲恺会合。

六、东京巧遇孙中山

廖仲恺、何香凝先后抵达日本东京之后，在早稻田大学附近租了一间公寓住下。这间公寓有很多房子，原先已有广东同乡的留学生关乾甫、萧友梅等人入住。廖何夫妇的到来，给这群青年学生增添了不少欢乐。

赴日本留学，第一要过日语关，出生于美国，又在香港皇仁书院就读多年的廖仲恺其英语听、说、写的水平是一流的，但对日语却非常陌生。赴日后，他首先进入松本龟次郎在神田区开办的日语学校学习。由于他非常刻苦用功，不足一年时间，已经掌握日语的听、说、写。九个月后，他考上早稻田大学经济预科。

早稻田大学坐落在东京郊区新宿区的一片稻田里，风景秀丽。其前身是1882年由日本人大隈重信刘建的东京专门学校。1901年改称早稻田大学，同时设置专科部和大学部。是东京一所颇有名气的私立大学。

何香凝问丈夫："为什么看中私立大学？"

廖仲恺说："外国的学校不在乎私立还是公办。美国的哈佛、英国的剑桥，都是私立大学。但都是水平一流，名声显赫，吸引了世界各地无数学子。看一所大学最主要看他的办校方针和培养目标。”

妻子又问：“早稻田大学的办校方针和培养目标如何？”

廖仲恺耐心解释说：“我详细了解过，它的办校方针是学向的独立，知识的实际应用以及造就模范国民。它主张自由探讨学术，提倡独创的钻研精神，培养具有实际应用知识并在国际事务中具有广泛活动能力的人才。”

1903年廖仲恺入读的日本早稻田大学

何香凝相信丈夫的选择是正确的。所以她主动承担家务，让丈夫专心读书。

何香凝从小没有入读过什么正规学校。她深厚的文化知识和较高的诗文写作水平主要是靠自学的。她随夫到日本后不是当“陪读”，而是自己读。粗学一些日语后，于1903年春，进入当地女子大学就读。由于日语程度掌握得不够，听课有困难，不得不停学。随后，跟一位教师舍监夫妇专攻日文。廖仲恺在家中也常常给予辅导。经过一段时间的学习后，何香凝日语水平完全过关，顺利地转入东京女子师范预科学习。

廖仲恺、何香凝留学日本后，接触了很多留学生，深受影响，思想进步很快，对国家兴亡尤为关心。何香凝后来为在东京出版的《江苏》杂志1903年第四期撰写了题为《敬告我同胞姐妹》一文，呼吁女同胞关心“天下兴亡”大事，与男子一道，“共谋社会之幸福，以光复我古国声名”。

廖仲恺夫妇经常参加在东京的中国留学生组织的活动，结识了有志青年胡汉民、汪精卫、黎仲实、朱执信、苏曼殊、萧友梅、卢少歧等。在日本的中国留学生中，政治热点是争论用

廖仲恺（左二）、何香凝（右二）和日本留学生在东京留影

什么方法救中国的问题。随着革命派与保皇派的论战，留学生们的思想也分化为拥护革命者和拥护保皇者两种。而廖仲恺和何香凝站在拥护革命者的一边，对孙中山环球宣传推翻清朝、号召革命的名声，极为仰慕，得悉孙中山近期将到日本，热切期盼早日见到孙中山。

1903年秋廖仲恺、何香凝拜会孙中山（油画）

1903年8月的一个夜晚，廖仲恺夫妇像往常一样到神田神保町的中国留学生会馆参加聚会。会场上众多青年欢欣雀跃。原来，孙中山前来参加聚会。廖仲恺和何香凝见到仰慕已久的孙中山。由于人多，又是初次见面，他们没有与孙中山近距离接触细谈。廖仲恺知道广东同乡黎仲实和孙中山关系密切，便要求黎仲实安排另行拜会孙中山事宜。

几天之后的一个秋夜，凉风习习。廖仲恺夫妇在黎仲实带领下，穿过小石子路来到小石川一间普通小旅社（日本人叫“下宿屋”），拜访他们敬仰的孙中山。

当年孙中山（1866—1925）年仅37岁，目光炯炯，眉宇轩昂，甫一见面，他便热情地与廖仲恺、何香凝一一握手。然后分别席地坐在日本特色的“榻榻米”上细谈。温文尔雅的孙中山身穿西装，一口广东乡音，在廖仲恺、何香凝听来，倍感亲切。孙中山的话题从中国政治问题开始，纵论古今，重点讲到1840年鸦片战争以来，列强入侵中国，清政府腐败无能、丧权辱国的种种罪行，阐明了发动革命推翻清朝的必要性。

廖仲恺和何香凝完全赞同孙中山的政治主张。廖仲恺心中坚信，只有像孙中山所说的那样发动革命，推翻清朝，才能救中国。

当时，孙中山环球宣传反清，也同时受到清廷的环球通缉。他的活动行踪时有危险。为防意外情况发生，廖仲恺和何香凝便主动告退。

首次会见孙中山后，廖仲恺夫妇心中豁然开朗，精神振奋，仿佛在茫茫的黑夜看到曙光。他对夫人说：“跟孙中山走，救国有希望！”

此后，廖仲恺和何香凝又两次秘密到“小石川”的“下宿屋”去会见孙中山，表示愿意参加到反清行列，并主动要求革命任务。孙中山对他们的革命热情表示嘉许，勉励有加，嘱咐他们在日本的中国留学生中“物色有志同仁，结成团体，以任国事”。

同年9月底，孙中山离开日本赴美国宣传革命，临行前，他委托廖仲恺、黎仲实、苏曼殊等人一个特殊任务，即组织在日本的中国留学生学习手枪、步枪射击等军事知识，为将来发动反清武装斗争做准备。

廖仲恺送别又要漂洋过海的孙中山，想起十年前自己乘轮船横渡太平洋的晕船滋味，对孙中山以救国为己任奔走革命的行动充满敬仰之情，心中说：一定跟着孙先生，好好干革命！

七、反清斗争起风雷

孙中山离开日本后，廖仲恺等人经过秘密串联，便组织了住在牛込区的中国留学生数十人，成立反清义勇队。每天天刚蒙蒙亮，便秘密集合出发到东京郊外的大森林，练习手枪、步枪射击。他们邀请懂得军事的黄兴前来教授。“呯、呯”的枪声在大森林深处响起，惊飞了不少林间鸟。

与廖仲恺夫妇居住在同一个寓所里的义勇队员有二十多人，廖夫人何香凝每天都先行起床，料理烧水做饭等事情，以实际行动支持丈夫及义勇队练习射击。

何香凝原是富家千金小姐，做闺女时从不烧水煮饭的。如今，为了反清斗争，她起早摸黑干着粗活。廖仲恺看在眼里，疼在心头，深情地对着她说：“香凝，真难为你了！”何香凝说：“为了反清救国，我们从小事做起。辛苦一点又算什么呢？你和大家好好练习枪法，学好军事，将来用得上。”

廖仲恺受到夫人激励，认真练枪法，学军事。后来他参加策划武装起义，筹购枪械弹药，训练农民军，创办黄埔军校，任军事委员等，当时学到的军事知识的确大派用场。

大森林深处的枪声惊动了飞鸟，也惊动了清朝政府驻日公使馆。清使馆派出密探，侦探到义勇队行踪，便勾结日本警察蓄意搞破坏。廖仲恺等被迫搬到小石川居住，在牛込区好不容易组织起来的射击练习也不得不终止了。

1904年初，孙中山由美洲回到日本，再赴欧洲宣传发动反清斗争。他在日本时，又一次与廖仲恺、何香凝等畅谈反清斗争形势。通过这次畅谈，廖仲恺进一步认清了形势，更加坚定反清必胜的信心。当时，何香凝挺着大肚子，即将分娩。廖仲恺考虑到，又要读书，又要做宣传联络等工作，难以照顾妻子，便让何香凝回香港娘家分娩。还让妻子为孙中山带一封密信到香港交给陈少石。他嘱咐说："孙中山的信，事关大局，不可掉以轻心。"

何香凝回到香港后，亲自把密信交给陈少石。2月4日，何香凝平安生下一个胖乎乎的女儿。喜讯传来，廖仲恺欢叫："我当爹了！"他给女儿取名"梦醒"。取意是中国睡狮从梦中觉醒，屹立世界之林。他惦挂着女儿，但直到一年多之后回香港筹款时，才第一次与自己的女儿梦醒会面。他把已经懂得走路、牙牙学语的女儿紧紧地搂在怀中："醒女啊醒女，快快长大，阿爹等着你觉醒，希望寄托在你这一代人身上啊。"

果然，廖梦醒长大后，加入了中国共产党，为中国历史翻开新的一页做出应有的贡献。这是后话，在此不述。

何香凝在香港生下廖梦醒后，放在娘家抚养，旋即再东渡日本，一边读书，一边与丈夫参加反清工作。

1905年7月，孙中山又从欧洲回到日本。经过多年的宣传发动，孙中山觉得成立一个统一的革命政党推进反清大业的时机成熟了。他这次重来日本的任务，就是筹建中国同盟会。除孙中山早年在檀香山建立的兴中会外，国内影响较大的民主革命团体还有黄兴、宋教仁在湖南长沙创立的华兴会，蔡元培、陶成章在上海成立的光复会等。孙中山和黄兴、蔡元培等商议，决定以这几个组织的成员为骨干，吸纳十多省在日本的留学生的精英良才，组成中国同盟会。

廖仲恺和何香凝积极支持、热情参与中国同盟会的筹备工作。为了保证同盟会的顺利组建和日后革命活动的安全进行，孙中山很想找一个可靠的人和地点，以掩护革命活动。他想到了廖仲恺夫妇，便委托黎仲实到廖家商议。此时，廖仲恺利用假期到香港筹措学费和看望女儿去了，只有何香凝在家。当黎仲实说明来意后，何香凝毫不犹豫地说："仲恺和我早就在为反清效力。仲恺回香港前就对我说过，要大力支持成立同盟会，参加同盟会。要用我们的房子，做点秘密联络工作，我和仲恺都是非常乐意的。"

黎仲实说："那么，你们必须辞退日本女佣，以利保密。"

何香凝说："没问题，家务我和仲恺合力干。"

1905年8月20日，以"驱除鞑虏，恢复中华，创立民国，平均地权"为政治纲领的中国同盟会在日本东京正式成立。次日，何香凝由孙中山、黎仲实介绍，办理了入盟手续，成为中国同盟会第一个女盟员。同年9月，廖仲恺携女儿来到日本后，即由何香凝、黎仲实介绍，加入同盟会。从此，廖何夫妇成为同盟会的骨干和元老之一。

1905年8月，中国同盟会在日本成立（油画）

廖仲恺夫妇为方便革命活动，宁愿多花钱在神田区另租新居，面积是“小石川”租居房子的两倍多，一层，七房，交通方便，又靠近中国留学生会馆。这里很快成为孙中山召集同志们开会的场所和同盟会组织的通讯联络秘密交通站。

同盟会成立后，推动了反清革命的发展，中国留日学生的革命活动日趋活跃。廖仲恺担任同盟会总部副会计长和外务科干事。孙中山每个星期都要在廖仲恺家召集同盟会骨干分子开两三次会，商议和筹划反清工作。常来参加会议的有黎仲实、汪精卫、胡汉民、黄兴、章太炎、张健、居正、古应芬、钮永健、马君武等人。每当这么多人来开会的时候，可忙坏了廖仲恺和何香凝。廖仲恺是屋主，承担很多会务工作，尤其对会议安保工作更要高度负责，他走进走出，眼观六路，耳听八方。何香凝则负责收藏鞋子（因日本有进门脱鞋的习惯）和照料茶水、饭菜等。廖仲恺夫妇还以警惕、细心、负责的态度为孙中山收转信函，收存和保管同盟会的一些文件，确保秘密交通站运转正常，不出事故。

同盟会成立后，宣传革命理论和在国内组织反清武装起义，成为当时最急迫的任务。廖仲恺积极参加革命理论宣传工作，紧紧围绕孙中山提出的民族、民权、民生的“三民主义”进行研讨，著文译书。其中，他对带有“社会革命”因素的民生主义更为重视。美国经济学家亨利·乔治在《进步与贫乏》一书中，主张土地国有、征收单一地价税，使社会财富趋于平均。廖仲恺非常赞同这种观点，于是他着手翻译该书的一部分，以“屠富”为笔名，在同盟会机关刊物《民报》发表。又因民生主义学说根源于当时欧美流行的各种社会主义思潮，为了更好阐述研讨民主主义学说，廖仲恺和朱执信等人，满腔热情地参与了对社会主义的探索。后来，廖仲恺译著《社会主义大纲》、《无政府主义与社会主义》等4篇介绍社会主义的文章，以“渊实”为笔名发表于《民报》上。因而，廖仲恺成为最早参与从理论上介绍和探索社会主义问题的中国人之一。

八、“劝君莫惜头颅贵”

1906年9月，廖仲恺从早稻田大学转到东京中央大学政治经济科继续学习，夫人何香凝也同时考上目白女子大学博物科。

中央大学是日本著名的私立大型综合大学。其前身是1885年7月成立的英吉利法律大学。后更名为东京法学院、东京法学大学。1905年学校新设经济学科并改名至今。其校训是“培养实际应用的才能”。

廖仲恺对政治经济科各门功课的学习非常用功，刻苦钻研。为他后来在革命政府里屡任财政部长打下坚实的知识基础。

廖仲恺夫妇既要参加革命活动，又要完成留日学业，还要自理家务，照顾女儿，是相当艰苦的。自小有点娇生惯养的何香凝于1907年初闹出胃病，不得不退学在家休养。廖仲恺又多了照顾妻子的任务。每天，他起早摸黑工作、学习，家务一干就是七八个小时。并慢慢养成习惯，直到在革命政权身居要职时，仍然如此。也许是廖仲恺睡眠少，工作学习繁忙，因而从来没有肥胖过，脸庞清瘦，但神采奕奕，目光炯炯，浑身上下透射出革命战士的勃发英气。

为了推翻清朝统治，以孙中山为总理、黄兴为襄理的中国同盟会频频在国内组织武装起义，很多准备工作都是在廖仲恺家里部署的。廖仲恺参加策划并服从组织安排。1907年春，孙中山命廖仲恺从日本回香港，协助同盟会员许雪秋策划在广东潮州的黄岗起义。其时，夫人何香凝正在闹胃病，女儿梦醒也仅满3周岁，家事需要照顾。但廖仲恺想到，家事再大，但与反清武装起义大事相比，也是小事，于是他毫不犹豫地接受使命，回到香港协助策划黄岗起义。后虽因情况变化，起义改期，但廖仲恺克己奉公的态度受到大家的赞扬。

1908年9月25日，廖仲恺和何香凝的儿子在日本东京大久保寓所诞生。受“重男轻女”传统思想影响较深的何香凝比丈夫还要兴奋，激动地说：“仲恺，你‘有后’了！快给孩子起个好名！”

廖仲恺略加思索，说：“叫‘承志’吧。”

何香凝立马赞同：“好！承志，承志，子承父志，相信我们的宝贝儿子将来比你仲恺更好，更有出息！”

廖仲恺平静地说：“但愿如此。一代胜过一代，社会才会进步……”

后来的事实证明，廖承志的确做到继承父志，和共产党人一道，完成孙中山、廖仲恺未竟的革命事业，一代胜过一代。廖承志晚年是中共中央政治局委员、全国人大常务会副委员长。

1908年，廖仲恺何香凝与儿女在东京合影

为更好扶养幼儿和减轻家务负担，廖仲恺夫妇为孩子请了乳母"阿姨"。何香凝生下儿子后，心情愉快，身体恢复得很快，早年的胃病也减轻多了。于是，她想继续求学，希望将来能有一技之长报效祖国。

在廖仲恺的支持下，何香凝于1909年春进入东京本乡美术专科学校高等专科就读。她学画既有目标，又有天赋。初期师从日本画家端管紫川专攻山水、花鸟等。继而成为日本帝室著名画师田中赖章先生的"入室弟子"。她每周到田中赖章画室学画两次，以学画狮、虎为主，并寓深刻内蕴。当时，洋人把积弱的中国讥为"睡狮"，何香凝画狮多以《雄狮》为名把狮画得雄赳赳，气昂昂，威猛健硕；画虎更是形神兼具，虎虎生威，并以《猛虎咆哮图》为题。她虽也画其他动物，但对狮、虎题材情有独钟。廖仲恺常常看妻作画，有时也点评一番，称赞她的画洋溢着革命党人的昂扬斗志。何香凝的画有时落款“双清楼主”，可见她始终念念不忘珠江河畔的“双清楼”。

1909年初夏，廖仲恺在日本中央大学政治经济科毕业。而何香凝学画仅打下基础，学业尚未完成。廖仲恺思考着一个很实际的问题，是留在日本找一份工作陪妻子读书，照顾儿女呢，还是离开未完成学业的妻子，放弃照顾儿女而单独回国谋求救国之道？思考了多天，他最后选择先行回国，便对妻子说：“香凝，我们来日本留学快七年了。的确学到不少在国内学不到的东西，特别是结识了孙中山先生和一批志士仁人，求索了救国真理。如今，孙中山先生和他的战友们在为推翻腐败的清廷而在国内外到处奔走，我总不能只陪伴在你身边……”深明大义的何香凝打断丈夫的话：“你不用顾虑是否陪伴在我身边照顾我。好男儿志在四方！国内反清斗争需要各种人才。你放心回去吧，我留下定能继续完成学业并照顾好醒女、承儿的。”

廖仲恺夫妇也深知，统治者从来不会对反抗者仁慈，反清的人是要冒着被杀头危险的。何香凝为激励丈夫，特别赋诗一首赠别：

国仇未复心难死，
忍作寻常泣别声；
劝君莫惜头颅贵，
留取中华史上名。

字里行间，洋溢着何香凝深沉的报国情怀和坚毅的革命意志。廖仲恺深情地吻别了妻子、儿女，于1909年6月回到多灾多难、反清斗争形势十分复杂的祖国。紧接着，赶赴北京参加留学生科举考试，考中法政科举人。

在清朝统治摇摇欲坠的年月，不少革命党人通过各种途径“入清廷握政权以完成革命之工作”，廖仲恺走的也正是这样的道路，他利用法政科举人的身份，进入吉林巡抚边防督办陈昭常公署担任翻译工作。

陈昭常乃广东归善（今惠阳）客家人，一口官腔带有浓重的客家音。廖仲恺入职后，翻译工作兢兢业业，得到上司好评。一次，廖仲恺特意在巡抚大人面前说了几句纯正的惠阳客家话，巡抚大人马上对这位英语流利的年轻译员另眼相看，也用纯正乡音喊了一声“自家人”！廖仲恺利用巡抚大人是同乡“自家人”这层特殊关系的掩护，谨慎而大胆地在吉林、营口开展秘密的联络革命党人、掩护和协助同志等工作。其中，常与潜至吉林从事反清工作的林祖涵（伯渠）、宋教仁一道，密商反清武装起义事宜。当时，林、宋联络流落山林以“抗官济民为志”的“马军”参加反清斗争。不久被清廷侦知，林祖涵转移湖南，宋教仁出走日本，而廖仲恺因为有巡抚大人的“保护伞”，得以继续潜伏下来。

但巡抚陈昭常毕竟是效忠清廷的鹰犬，有一次，他发觉也是潜伏在清廷巡抚公署的同盟会员吴禄贞暗中进行反清活动的可疑之处，准备将吴调走，进而处置。幸得廖仲恺及时从中斡旋，才相安无事。

廖仲恺冒着被杀头的危险，潜伏清廷，等待时机。他“身在曹营心在汉”，革命初衷未改，曾以诗明志：“悠悠乡国思”“松柏励初志”他遥念仍留在日本的妻子儿女，更期盼以孙中山为总理的中国同盟会领导的反清斗争像风雷激荡，震撼中华神州大地。

九、理财能手露锋芒

1911年（农历辛亥年）是风雷激荡的一年。3月29日，中国同盟会领导组织的第十次反清武装起义在广州举行。虽然七十二烈士血染羊城街头。但起义的枪声犹如春雷响彻中华大地。

廖仲恺闻讯，浑身热血沸腾，从吉林专电已于一个月前回到香港的妻子：“你听到雷声了吗？天快亮了！”

何香凝于1910年秋在日本东京本乡美术学校毕业，结束了长达8年的留学生涯，于1911年2月，携醒女承儿回到香港娘家。同年3月29日广州起义，何香凝闻迅后极其兴奋地告诉丈夫：“我们要奋力敲响埋葬清王朝的丧钟！”

同年10月10日，武昌起义爆发。辛亥革命的风暴冲击着清王朝政权。继湖北组成军政府宣布脱离清王朝实行独立之后，陕西、山西、湖南等省效而行之，掀起民主革命的浪潮。11月9日，广东省也宣布独立，成立了以胡汉民为都督的广东军政府。

廖仲恺应胡汉民之邀，从吉林返回广东，先担任都督府枢密处参议，后任财政司副司长。何香凝也从香港来到广州与丈夫会合，但由于胃病复发并加重，只好遵医嘱停止工作，仅在丈夫身边操持家务，教育子女，让廖仲恺专心参加新生政权的建设。

同年12月21日，孙中山从欧洲回国乘船抵达香港，胡汉民、朱执信、廖仲恺等从广州乘军舰到香港迎接。他们建议孙中山留在广东，建立民主革命根据地，修治备战，再图发展。但孙中山认为当务之急是前往南京，创建中华民国临时政府，以加速清政府倒台。当时号称宣统皇帝的溥仪只有6岁，清廷的实权掌握在摄政王戴沣和北洋军阀手中。只有成立民国政府，走共和之路，封建王朝才能彻底垮台。

孙中山从大局出发，说服胡、朱、廖等人，随即要求胡汉民跟随他立马赶赴南京。廖仲恺于12月23日从香港回到广州，向广东临时议会报告了孙中山革命意图和行踪，并要求议员们依孙中山的嘱托，推举副都督陈炯明代理广东都督。陈炯明洋洋自得，后来公然背叛孙中山，囚禁廖仲恺。这是后话，在此不述。

1911年12月20日，廖仲恺（右三）等赴香港迎接孙中山从欧洲回国，在轮船上合影

1912年1月1日，中华民国临时政府在南京宣告成立，孙中山任中华民国临时大总统。随后，廖仲恺被召至南京，一度参加“南北议和”时南方代表团的工作。清廷命大军阀袁世凯为北方全权代表。袁世凯玩弄军事政治权术和欺骗伎俩，威逼清帝于当年2月12日逊位，孙中山也受骗上当，于4月1日让位于袁世凯。

辛亥革命胜利果实被政治野心家袁世凯篡夺后，孙中山偕同胡汉民、汪精卫、廖仲恺等20余人到武汉、上海、福建等地视察后，于4月25日到达广州。胡汉民复任广东都督，廖仲恺则升任财政司长。廖仲恺凭着他在日本学到的政治经济方面的知识，联系广东新政权的实际，大力治理财政。他针对财政收支紊乱、入不敷出的情况，采取整顿税收、发行公债、改进货币流通、更换土地契约四条有力措施，克服新政权的财政困难，使收支略有盈余。

在整顿税收方面，廖仲恺依据美国经学家亨利·乔治的“单税法”理论，制定公平公正的征税制度，堵塞税收漏洞，工商企业和纳税人难以偷税漏税，只得主动向新政权交税。

在发行公债方面，廖仲恺大胆尝试推出广东军政府债券，界定合理债息稍高于银行，广为宣传，并与何香凝带头购买政府公债。不少军政人员、工商业户乃至百姓纷纷购买。

在改进货币流通方面，廖仲恺于当年6月呈请都督任命邹鲁为官钱局统办，指定官钱局解决纸币兑换风潮。其解决办法之一是通令各征收税费机关只收纸币而不准索取现洋；办法之二是由铸币厂加快铸造现洋，增设兑换钱庄，逐步提高纸币价格；办法之三是加强舆论宣传，安定人心。以上办法施行后，初步平息商民挤兑风潮，经济形势有所好转。

在更换土地契约方面，廖仲恺结合孙中山“平均地权”的思想，提出“土地换契案”，立即得到孙中山的支持。6月9日，孙中山设茶会招待省临时议会议员和新闻界，亲自解释土地换契案的重要性。6月12日廖仲恺出席省临时会议，阐述土地换契案的主旨和内容。他说：“目前孙先生发起的土地国有问题，亦宜从租税着手。而欲整顿租税，又必须

第二次執照

中華民國粵省軍政府都督胡　為
發給執照事茲准第二次委任借款局報告
陸耀繳到認借軍債毫紙銀伍拾元
按照美洲華僑軍債票辦法借銀壹圓還銀壹員伍
毫以二年為限至期發還請發給執照以昭大信等
情前來准此特發回執照并蓋關防交陸耀
收執存據此照
財政部總長司　廖仲愷　簽押
中華民國元年三月初五日　發給

廖仲恺于1912年任广东军政府财政司长时签押的军债执照

以换契为前提。现拟凡持前清政府税有三联印契者，将旧契呈验换发新照。卖契定为值百抽二，典契收百分之一五……其价值准由民间自由呈报，唯声明如将来政府或收用此地时，即照新报数目出价，可以不虞有少报之弊。”依照当时广东政府法例，此土地换契案一定要获省临时议会通过方能执行，但换契案触及大地主的利益，他们在临时议会的代表人物作梗，加上孙中山于6月15日离穗北上，顿失有力支持。所以，土地换契案在临时议会争论了一个多月才勉强通过。具体实施只完成一部分。尽管如此，廖仲恺对“平均地权”的主张进行认真探索与实践，并以此增加新政权税收的做法，是值得

广东军政府时期的廖仲恺

称道的。他在财政经济方面卓有成效的工作，为广东军政府的巩固与发展提供了坚实的物质保证。

廖仲恺在任财政司司长期间，克己奉公，廉洁自守，从不以权谋私，挪用或私占分文。他制定一整套财政纪律和制度，严于律己，模范遵守，给财政司全体同仁做出了榜样。

同时，廖仲恺的理财能力得到以孙中山为首的革命党人的赏识和重用。在后来的革命生涯中，多次主理财政，为革命政权的重新建立、巩固与发展做出了重要的贡献。

十、袁贼通缉廖仲恺

辛亥革命的胜利，推翻了清王朝268年的统治，也结束了延续两千多年的封建帝制。无疑，领导辛亥革命的中国同盟会总理孙中山是推翻帝制的民族英雄！

1912年3月11日，未解临时大总统之职的孙中山正式公布《中华民国临时约法》（以下简称《临时约法》）。在宪法未制定实施之前，该法具有宪法同等效力。《临时约法》按照西方民主制度和“三权分立”“代议政治”原则，规定以参议院、临时大总统、国务院、法院行使国家统治权。

《临时约法》还规定，参议院行使全国立法权，选举临时大总统、副总统，对临时大总统行使的重要权力具有最后的决定权。参议院自国会成立之日起解散，其职权由国会行使。临时大总统总揽政务，公布法律，统率全国陆海军、制定官制官规，任免文武官员等，其行使职权时需要有国务员副署。袁世凯口头表示遵守《临时约法》。这在孙中山、廖仲恺等人看来，国家政体问题解决了，民族、民权也实现了，当前的主要任务是“振兴实业”，“发展物力”，实现民生主义。然而，这只是孙中山、廖仲恺等人一厢情愿而已！擅耍两面派的袁世凯却做着皇帝梦，暗中磨刀霍霍。为麻痹革命党人，1912年8月24日，他还隆重邀请孙中山入京共商国是，以迎接国家元首的礼节相待。

1912年8月25日，孙中山、宋教仁、廖仲恺等中国同盟会革命党人，联合统一共和党、国民公党、国民共进会及共和实进会在北京湖广会馆召开大会，正式宣布五党合并，成立国民党。成立大会选举孙中山为理事长，黄兴、宋教仁等8人为理事。

同年9月11日，黄兴也到达北京。蒙在鼓里的他还同孙中山一起极力劝说袁世凯加入国民党，以期组成国民党内阁。老奸巨猾的袁世凯虚与逢迎，骗取孙、黄的信任。

1913年3月12日，廖仲恺从广州到上海，同黄兴、宋教仁、于右任等共商宋教仁赴京力争组织责任内阁的计划。3月20日上午10时许，廖仲恺、黄兴、于右任等到上海车站为宋教仁赴京送行。10时45分，宋教仁由廖仲恺陪同并肩走向车站月台。“呯呯！呯呯！”突然响起一阵密集的枪声。罪恶的子弹向宋教仁、廖仲恺飞去。宋教仁中弹倒地。廖仲恺幸免于难。月台大乱，凶手逃遁。廖仲恺等人扶起血泊中的宋教仁急送医院抢救。由于凶手使用的是毒弹，抢救无效，宋教仁于两天后溘然长逝。大难不死的廖仲恺对罪恶的黑势力极为愤慨！

很快就查明，凶杀宋教仁的幕后主使者正是国务总理赵秉钧及大总统袁世凯！

暗杀宋教仁的枪声震惊朝野，更惊破了孙中山等国民党人寄希望于袁世凯的迷梦！

孙中山、黄兴和廖仲恺等人召开紧急会议，决定武力讨袁（史称“二次革命”），以确保民主共和的胜利果实。

1913年4月底，廖仲恺风风火火赶回广州向胡汉民等传达了上海紧急会议“讨袁护法”的精神。当廖仲恺向妻子谈到宋教仁被害的消息时，何香凝对袁世凯的无耻行径极为愤慨，表示坚决支持孙中山、廖仲恺的反袁斗争。廖仲恺在广州活动四五天，又奉孙中山之命匆匆北上，到北京做策动国会议员投入反袁工作。临行前，何香凝拿出一幅《猛虎咆哮图》请丈夫看，并说：“这次赴京，使命严峻。到袁贼身边发动反袁，犹如虎口拔牙，老虎头上捉蚤。革命者虽不怕死，但也得小心呀！”

廖仲恺平静地说：“中国有句老话：明知山有虎，偏向虎山行。我还记得，你在日本时曾写诗‘劝君莫惜头颅贵’，我的头颅值多少钱？放心吧，夫人，我会见机行事、随机应变的。”

就这样，廖仲恺又一次依依惜别妻子、儿女，于同年5月间乘火车潜赴北京，并立即秘密联络国会议员，策动反袁斗争。

袁世凯的确是一头咆哮的猛虎。他为了巩固他的独裁统治进而复辟帝制，千方百计网罗鹰犬，布置密探。廖仲恺潜伏北京活动不久，其行踪便被袁世凯的密探侦知了。在他们准备捕人的黑名单上已经写上了廖仲恺的名字。就在袁世凯下令对革命党人大搜捕的前夜，廖仲恺得友人密告消息，虽然形势已经极为危急，但廖仲恺沉着镇定，机智地不走常规路，借道天津，辗转回到广州。而当时被廖仲恺策动过的国会议员伍汉池，则在这次大搜捕中被捕，惨遭杀害。

自从暗杀宋教仁和大肆搜捕革命党人后，袁世凯彻底撕下了“拥护共和”的伪面具，赤裸裸地拿起屠刀杀向国民党人。1913年6月间，袁世凯先后下令罢免均为国民党人的江西都督李钧烈、广东都督胡汉民、安徽省都督柏文蔚等。还有很多掣肘国民党人，违反《临时约法》等的狂妄行为。革命形势十分严峻，辛亥革命成果几乎全部化为泡影。

然而，孙中山在上海“紧急会议”上做出的武力讨袁决策，在党组织相当涣散的国民党领导上层，仍存在异议。有的寄希望于“法律解决”，有的寄希望于通过关系斡旋。党内的意见分歧，令孙中山的武力讨袁“速战”计划无法实现。只是在孙中山再三极力促进，李钧烈又在袁军的逼迫下，于1913年7月13日，才在江西湖口举兵反袁，爆发“二次革命”。7月15日，黄兴在南京举兵讨袁。安徽、上海亦在7月17日、18日相继通电讨袁。7月18日，广东宣布独立，发表宣言并出兵讨袁。

由于国民党领导层无法统一指挥，宣布独立和出兵的省份局限于东南一隅，加以这些地区情况复杂，反袁斗争难以汇成革命洪流，因而，在短短的三个月里，反袁斗争就被袁世凯镇压下去，“二次革命”遂以失败告终。

“二次革命”失败后，孙中山和廖仲恺（右三）逃亡日本后，与日本友人合影

廖仲恺紧跟孙中山投入反袁斗争，不遗余力，出生入死。“二次革命”失败后，孙中山、廖仲恺等国民党人遭到袁世凯下令通缉。其中，通缉廖仲恺的悬赏是一万银元，相当于当年的2000头牛！“我的头颇有这么贵吗？”廖仲恺对妻子说，“袁贼倒行逆施，他一天不倒台，我死不瞑目！”何香凝说：“走吧！总有一天，我们定能重回广州！”1913年8月，秋风吹下院子里树上枯黄的落叶，一片肃杀的气氛笼罩着广州。廖仲恺夫妇收拾细软，携9岁的女儿廖梦醒、5岁的儿子廖承志，逃亡香港。港英当局视廖仲恺为政治犯，不允许他留港居住，限48小时内离境。于是，廖仲恺一家又亡命日本。

十一、反袁斗争历艰辛

廖仲恺带着无限的感慨来到非常熟悉的日本东京，在千驮谷附近的青山七丁目安了家。房子狭小，只有两房，一家四口挤睡一间，另一间为会客吃饭。家私设备除了坐、睡用的地垫子榻榻米和茶几外一无所有，每月租金仅20元。

日本友人来访，见居室如此简陋，不禁惊讶：“你不是当过一年财政司司长吗？”廖仲恺说：“那是政府的钱，我是可以随时提用。广东军政府瓦解前，我一次便从粤官库转拨出港币250万元以应急，全用于政务上。至于我自己安家，却是私事，绝不能用公帑的。”

廖仲恺安家不久，即接日本朋友情报，孙中山即将来日，但面临危险。原来，孙中山武力讨袁受挫后，决定到日本重新组织反袁斗争。袁世凯通过中国驻日本使馆收买刺客，组织“暗杀团”企图在孙中山抵达日本时加以暗害。幸得犬养毅、宫崎滔天、头山满等日本朋友得知，一方面把情报告知廖仲恺等逃亡日本的国民党人，一方面迅速组织了“刺客击退团”，及早进行防范。

廖仲恺知情后，与夫人何香凝商量立即加入迎接并保护孙中山的行列。8月17日，廖仲恺嘱咐女儿留家看管弟弟后，便与夫人汇合日本友人犬养毅、头山满等一起赶到东京火车站，迎接从神户港口到达东京的孙中山。“暗杀团”和“刺客击退团”两军暗中对阵，幸未枪战。廖仲恺等接到孙中山后，机警地避过“暗杀团”的跟踪追击，一同乘小汽车平安到达青山四丁目的寓所。

孙中山的寓所与廖仲恺寓所相隔只有几分钟路程。从此，廖仲恺夫妇和东京其他一些国民党人在孙中山直接领导下，积极筹备反袁斗争。

孙中山对廖仲恺等人表示，要用“以前反对君主专制之决心”坚决反袁，“以竟辛亥之功”。他认为“二次革命”失败的原因，是国民党内部无组织无纪律，不服从统一指挥。于是，他酝酿筹备一个下级必须服从上级、绝对听从指挥的“中华革命党”，以继续进行反袁斗争。出于严密组织的考虑，孙中山规定入党者都要按指模、立誓约，绝对服从孙中山。这种做法受到黄兴等老革命党人的反对，他们宁可离开孙中山，也不履行这一手续。廖仲恺认为履行这一手续的确略有不妥，但“二次革命失败教训表明，任何一个政党必须有严格的纪律，才能担负起领导革命的重任”。经过一段时间的考虑，廖仲恺于1914年5月2日加入中华革命党。在此前后加入该党的还有陈其美、谢特、居正、冯自由、许崇智、张静江、邓铿、何香凝等100多人。

同年7月，以反袁世凯为主旨的中华革命党在东京成立。孙中山任总理。廖仲恺任财政部副部长，因正部长张人杰长期远在法国巴黎，因此财政部工作实际由廖仲恺主持。为了发展党务，给宣传、军事、政治等方面的活动提供必要的经费，廖仲恺不遗余力地想方设法向各方筹措经费。

1914年7月，中华革命党在日本成立时留影，廖仲恺（右二）任该党财政部副部长

中华革命党当时的中心任务是揭露袁世凯破坏《临时约法》，阴谋复辟帝制和卖国的罪行，以唤起民众，再举革命，打倒袁世凯。当袁世凯卖国政府与日本签订二十一条丧权辱国条约的消息传到日本时，孙中山、廖仲恺等中华革命党人更为激愤，表示坚决反对，更尽全力促进反袁。

1915年夏末，廖仲恺参加孙中山召开的中华革命党部长会议。会议决定组织中华革命军，部署东北军、东南军、西北军、西南军4个司令部，武力讨伐袁世凯。为了筹措讨袁经费，廖仲恺又一次冒着被杀头的危险，潜回国内，秘密奔走上海、广东等地。

1916年1月，复辟狂袁世凯居然僭称“洪宪”皇帝，全国哗然。上至军政要员、开明士绅，下到凡夫走卒，无不义愤填膺。护国将军蔡锷在云南率部起义，一马当先，举兵讨袁，强烈要求袁世凯取消帝制。

在中华革命党领导的革命军4个司令部的推动下，反袁战争风起云涌。廖仲恺成为中华革命军最得力的军需官。仅1916年3月下旬，一次就为驻青岛的中华革命军的东北军司令部筹集了驳壳枪549支，子弹9万余发，机关枪5挺，子弹5万颗，有力地支援了讨袁战争。

在中华革命军的多次打击及蔡锷等领导的护国军的进攻下，发了八十多天皇帝梦的袁世凯被迫于1916年3月22日宣布取消帝制。

同年4月9日，富士山下、东京城里，樱花盛开，阳光绚丽。孙中山主持召开一个庆祝袁世凯帝制失败的小型集会——“帝制取消一笑会”。孙中山、宋庆龄和廖仲恺一家，以及9位日本友人出席会议。孙中山此时心潮澎湃，绽开着笑容。他伸手把9岁的廖承志拉到跟前合照留影，还对大家说：“革命尚未成功。要子承父志，靠我们的下一代了！”

为了进一步推动国内反袁斗争，孙中山在宋庆龄及廖仲恺夫妇的陪同下，于1916年5月初从日本回到上海，继续从事秘密的反袁活动。

为庆祝反袁斗争胜利，孙中山、廖仲恺（后排左二）等在日本东京集会后留影

1916年6月6日，窃国大盗袁世凯在全国人民的唾骂声中抑郁而死，北京政权落入北洋军阀手中。打着“再造共和”旗号进行招摇撞骗的段祺瑞，不过是“借共和之目，行真专制之手段”的政客。因而孙中山等中华革命党人不得不为捍卫共和而进行新的斗争。

在反袁斗争中历尽艰辛、也立下汗马功劳的廖仲恺，在政治上成熟多了。他目光敏锐地洞察政局。在黎元洪继任中华民国大总统之时，廖仲恺就深刻地指出：“黎元洪是看守总统，大权都在段祺瑞掌握之中，段是日本的忠实奴才”，“我们必须时刻提高警惕”。后来事态的发展证实了廖仲恺政治眼光的敏锐。他警惕着、准备着，继续紧跟孙中山走上维护《临时约法》、捍卫共和成果的新征途。

十二、南下护法受挫折

袁世凯死后，孙中山提出“规复约法，尊重民意机关”的要求，但窃取北京政府实权的段祺瑞等却承袭了袁世凯伪共和的衣钵，继续践踏《中华民国临时约法》，导致督军团叛乱和张勋拥戴废帝溥仪复辟的丑剧。因此，孙中山又以不折不挠的精神，和廖仲恺等战友们从上海到广州，开展新一轮的护法运动。

孙中山、廖仲恺从日本回到上海不久，曾一度与孙中山因意见分歧而赴美国的民国元勋黄兴也回到上海，与孙中山重归于好。可惜黄兴于1916年10月31日不幸病逝，享年仅42岁。几天后的11月8日，反袁功臣、护国军之父蔡锷将军也病逝于日本，享年仅34岁。一个又一个革命者或被反动势力杀害，或积劳成疾英年早逝，这对革命党人来说是个残酷的事实和严峻的考验。然而屡经危险仍幸存的孙中山、廖仲恺等革命党人早已把生死置之度外了，他们洒泪祭先烈后，又义无反顾地投入新的战斗。

严酷的斗争让孙中山深深地觉得，没有武装力量，就不足以与北洋军阀对抗斗争，更无法贯彻救国救民之革命宗旨。所以他多次与当时在上海的北洋海军总长程璧光磋商，希望海军参加护法行列。廖仲恺协助孙中山策动北洋海军军官彭春源等南下广州护法。他还授意夫人何香凝给海军的家属做工作，宣传护法的必要性。

“三军未动，粮草先行”，历来如此。海军南下护法，如果没有军饷怎行？所以理财高手廖仲恺又一次绞尽脑汁，四处奔走，筹到一大笔款，交孙中山组织海军南下。

1917年7月6日，孙中山偕夫人宋庆龄与章炳麟、朱执信等人及部分国会议员，分乘北洋海军“应瑞”、“海深”号军舰由上海往广州。7月21日，北洋海军总长程璧光亦率领7舰浩浩荡荡南下。

廖仲恺、何香凝暂时没有跟随孙中山南下，留上海继续筹备军饷及做海军家属工作，直到同年9月才归粤。上述孙中山、程璧光的行动经费，以及7月28日、8月4日两批国会议员南下费用合计逾百万元，全由廖仲恺筹措。有谁知晓，在那艰危时局，各种错综复杂政治力量较量的形势下，要筹措百万以上的粮饷，是一件多么劳心费神的工作？而筹款的完成，足见廖仲恺先生理财功力非同一般。

孙中山到达广州后，立即筹建护法军政府事宜。虽然南下护法的国会议员有150多人，还未达到法定人数，但在非常事变发生时期，可以开国会非常会议。8月25日，国会非常会议在广州召开，国会议员150余人出席，会议由原众议院议长吴景濂主持，通过了军政府组织大纲。大纲规定，在《临时约法》之效力未恢复之前，中华民国之行政权，由军政府大元帅行之。

1917年9月1日，广州非常国会第四次会议以无记名投票进行选举，孙中山以84票当选为中华民国军政府大元帅，唐继尧、陆荣廷为副元帅。9月10日，孙中山发表就职宣言，宣布军政府成立。9月24日，廖仲恺被委任为军政府财政部次长。次日，军政府财政部正式成立，廖仲恺就职视事，在财政总长唐绍仪就任之前，廖仲恺代理总长职权。

1917年9月，护法军政府成立时合影，前排右一为廖仲恺

军政府设在广州市珠江南畔的广东士敏士（水泥）厂内，借两栋法式的三层大楼和一栋小洋楼办公，新建了一个门楼，上书“军政府”三字。这是孙中山在广州第一次建立革命政权的所在地（孙中山1923年在第三次建立革命政权任陆海军大元帅时才改称大元帅府）。军政府所有官员，无薪可发，不分职级，每人每月仅领广东毫洋20元维持食宿，生活条件十分

艰苦。身负财政次长重任的廖仲恺为军政府的生存呕心沥血，千方百计筹措经费。办法之一是继续向热心支持革命的爱国华侨发函筹款，言辞恳切。其中一函曰：“时局紧迫，稍纵即逝，刻下粤军已第次编就，军队愈多，需款愈巨，授湘攻闽，分道并进。务望诸同志共任艰巨，以竟大功，是所切祈。”爱国华侨在接到廖仲恺的信函后，源源不断地向军政府捐款。从1917年10月至1918年6月的8个多月里，军政府收到华侨捐款2000万余元。相当军政府同一时期财政收入的一半。

廖仲恺筹款办法之二是发行军事国内公债。他把发行军债券的计划报告孙中山，立即得到孙中山的赞同。孙中山

第一次护法运动时期的孙中山和廖仲恺

遂命廖仲恺兼任筹饷公债局局长。1918年2月，廖仲恺奔走日本联络友人，筹备发行军事公债，在几个月时间内，军政府向海内外发行公债券和公债券收条1554万余元（非实际收入）。

此外，廖仲恺还与领事团及桂系军阀控制的广东督军署达成分享盐税余款的协议，使军政府每月可获5万元作为日常经费。

孙中山南下护法，比较可靠的力量是北洋海军和部分国会议员，他虽被选为军政府大元帅，但没有可以直接指挥的军队。当时广东兵权操纵在桂系军阀唐继尧、陆荣廷手中，唐、陆虽然名为军政府的副元帅，但并不诚心与孙中山合作护法，而是处处掣肘孙中山，所以孙中山计划组成可以直接指挥的护法军，廖仲恺与孙中山同心同德，对孙中山建军计划所需军费表示鼎力支持。

1917年12月，孙中山经过精心策划，排除唐、陆干扰，并得到广东省省长朱庆澜的支持。朱省长从他40个营的警卫军中拨出一半，计20个营8000余人，组成直接听命于孙中山的护法军。为避免桂系军阀唐继尧、陆荣廷疑妒，这支军队组织不久，即出师福建驻漳州，又称“援闽粤军”。孙中山任命陈炯明为援闽粤军总司令，邓仲元、许崇智为副司令。廖仲恺为接济这支军队，再次向海外华侨募捐，发行军政府公债券，多次奔波于日本、上海、广东、福建之间。这支粤军官兵对廖仲恺熟悉而敬重，若干年后，陈炯明背叛孙中山，囚禁廖仲恺，便十分不得人心。这是后话，暂且按下不表。

操纵广东和西南军事实权的唐继尧、陆荣廷之流，千方百计削弱孙中山的势力。一是暗杀始终支持护法的广州军政府海军总长程璧光于广州海珠码头；二是制造事端拘杀大元帅卫队官兵数十人；三是操纵非常国会改组军政府，取消大元帅制，改为七总裁合议制。

1918年5月4日，非常国会开会。桂系调动大队宪兵闯入会场，监视议员。80余名议员投票结果，军政府改组案以4票优势获得通过。随后选出孙中山、伍廷芳、唐绍仪、唐继尧、陆荣廷、林葆怿、岑春煊7人为总裁。孙中山洞悉他们改组的意旨，完全是为了与北洋军阀妥协议和，而不是为了护法。因此孙中山在会后发表通电，愤辞大元帅职务。他指出："顾吾国大患，莫大于武人之争雄。南北如一丘之貉。虽号称护法之省，亦莫肯俯首于法律及民意下。"

同年5月21日，孙中山离穗赴沪，第一次护法运动失败。

孙中山离穗后，廖仲恺即向非常国会报告财政收支情况准备弃职。同月27日，非常国会审议廖仲恺的财政报告后，宣布无误，随后廖仲恺离开军政府。但他为了协助解决援闽粤军经费，依然留在广东，直至同年秋天，才到上海与孙中山等人会合，开始新的求索。

十三、风雨鸡鸣望曙光

第一次护法受挫后，廖仲恺与妻子儿女来到上海安顿下来。历次革命失败的深刻教训及俄国十月革命、中国五四运动的影响，使孙中山和廖仲恺等革命党人都深感研究和宣传革命理论的重要和紧迫。1919年6、7月间，根据孙中山的指示，廖仲恺与朱执信、胡汉民等在上海筹办《星期评论》和《建设》杂志，并分别于6月8日、8月1日创刊。

廖仲恺为研究和宣传革命理论，认真刻苦看书学习，阅读报纸，撰写文章，经常起早贪黑，废寝忘食，人也消瘦了。妻子何香凝关切地说：“仲恺啊，你也该休息一下吧。”廖仲恺说：“革命是没有休息的！我正在写《革命继续的工夫》哩！”

何香凝说：“五四之后，学潮再起，新总统徐世昌被迫撤换了几个卖国贼。对我们革命继续有利。你写吧，写完早点睡，鸡啼了……”

廖仲恺说：“风雨鸡鸣，曙光在望！”

早年他曾以“风雨鸡鸣”题赠日本友人，也以此自勉做人必须勤奋。

廖仲恺题“风雨鸡鸣”赠日本友人

廖仲恺从五四运动中，看到革命的曙光，看到人民的力量。他在一篇题为《三大民权》的文章中写道：“民主国家的主权总是在人民。我们中国既然叫中华民国，主权的主体，当然就是人民。现在在法律上、制度上人民的主权中途被强盗抢了去，所以人民的主权很不完全。”廖仲恺主张人民应该享有“创制权”、“复议权”、“罢官权”，人民前回（指五四运动）罢免卖国贼这种要求，就是事实上施行他们的罢官权了。

廖仲恺撰写文章是联系实际，有的放矢，并有指导性的。他在总结历次失败教训、阐述革命还要继续的文章中，有一段是这样写的：“世界上凡是有机体的东西，若是趋进步那方面的，总是时时刻刻在革命状态里头，决没有停止的；停止就会生出麻木、腐败、分解、死灭等种种现象。这个革命的作用，一面是除旧，一面是布新。像我们人类……革命就是他们求活的路子。”

在这段时间，廖仲恺费饱蘸心血，写了不少优秀文章。他以《星期评论》、《建设》这两个杂志为革命理论宣传阵地，先后发表了《三大民权》、《女子解放从哪里做起》、《中国人民和领土在新国家建设上之关系》、《钱币革命与建设》、《革命继续的工夫》等十多篇政论。他还以巨大的精力翻译了美国政治学者威尔科克斯所著的《全民政治》一书。

廖仲恺在宣传革命理论时，经常与朱执信磋商，互相尊重，取长补短，建立深厚的革命友谊。他俩都是孙中山晚年的得力助手。当朱执信于1920年牺牲后，廖仲恺亲自筹办执信学校（现广州市执信中学），纪念亲密战友。

1919年10月10日，孙中山将中华革命党易名为中国国民党。同月13日，廖仲恺被任命为该党财政主任。此后国民党的党务活动和中国历史联系在一起。廖仲恺和何香凝等也成了中国国民党的元老、左派的光辉旗帜。

在研究宣传革命理论的同时，廖仲恺按照孙中山的指示，积极筹款接济驻闽粤军。孙中山寄希望于这支军队将来可以成为比较进步、可靠的革命武装。廖仲恺也领会这一意图，多方筹款，以充军饷。孙中山在上海的房子也因此由廖仲恺经手办理抵押过两次，一次得款2万元，另一次得款2.5万元，都由廖仲恺亲自送到漳州交给粤军的总司令陈炯明手中。

廖仲恺还协助孙中山开展联俄工作。俄国十月革命的成功，使孙中山逐渐产生“以俄为师”的思想，下决心仿效苏联。1919年间，孙中山与列宁之间开始有函电来往。起草函电的工作，多由宋庆龄、廖仲恺、朱执信等帮忙。孙中山还想派得力的同志到苏联学习，特意叫廖仲恺等人学习俄语。何香凝十分支持，特请一位俄语教师到长滨路民厚里的住宅教授俄语。后来，廖仲恺、朱执信因工作太忙未能成行，改由蒋介石、李章达到苏联去了。尽管如此，廖仲

1919年廖仲恺（右一）和朱执信（右三）、绍元冲（右二）、杜绍乾在上海

恺与孙中山“以俄为师”的思想是一脉相承的，两人后来的革命实践也证明这一点。

经过多次挫折的孙中山、廖仲恺等人认识到当时中国正处在军阀自拥、各自割据的初期，要推行革命措施，势必受到很大的阻力。而要进行民主革命，必须建立一个民主革命的根据地。他们分析了当时的国内形势，北方是北洋军阀的老窝，上海是帝国主义的堡垒，武汉是军阀吴佩孚的地盘，这些地方都难以立足。唯一理想的民主革命根据地只能选择在军阀势力统治相对薄弱的广州了。为了在广州建立民主根据地，廖仲恺奉孙中山之命，于1920年4月11日抵达福建漳州，与陈炯明等军事高层商议粤军回粤事宜，并又一次为粤军解决了经费困难。6月20日，廖仲恺再赴漳州，进行细致周密的会议，一住就月余。他把会谈结果，包括粤军内部情况、福建形势，甚至回粤线路等，先后多次致电向孙中山汇报。加上孙中山又命朱执信赴福建联络，粤军回粤讨伐桂系军阀的会谈部署于8月初就绪。

1920年8月12日，约2万粤军官兵在漳州公园誓师，在“为乡为国而战”的口号声中，分兵三路向广东进军。9月底，廖仲恺为配合粤军回粤战斗而到香港筹备军饷，了解战况，并多次向孙中山报告和提出对战斗有利的策略，显示出一定的军事才能。

粤军作战勇猛，加上广东各地民军支援，使桂系军阀在广东的统治面临崩溃。10月28日，粤军攻克广州，桂系军阀被逐回广西。同年11月，廖仲恺从香港回广州，与从上海回来的孙中山、宋庆龄、何香凝会合。在北京、上海一批支持孙中山护法的国会议员也南下云集广州。孙中山、廖仲恺等随即着手筹建革命政权。

1921年4月7日，非常国会在参议院议长林森主持下，召开了参众两院联合会议，通过《中华民国政府组织大纲》。孙中山以绝大多数票当选为非常大总统。

1921年孙中山在广州任非常大总统时留影。前排左八为廖仲恺

然而，实际掌握兵权的陈炯明为巩固其在广东的统治势力，早已暗中与湖南军阀赵恒惕签约互不侵犯，联省自治，此时更担心广州政府成立后，组织北伐。因而极力反对孙中山就任政府非常大总统。所以孙中山当选为非常大总统时没能立即宣誓就职。

1921年5月5日，经各方、各团体极力推戴，孙中山终于就职，并任命陈炯明为内务总长，伍廷芳为外交总长，唐绍仪为财政总长，廖仲恺为财政部次长。

这是孙中山在广州第二次建立革命政权，广州成了革命根据地。在这块热土上，廖仲恺紧跟孙中山，为民主革命奏出可歌可泣的乐章……

十四、携子督师北伐军

孙中山就职非常大总统后，总统府设于广州市内的观音山（今越秀山）南麓，现中山纪念堂的地方。廖仲恺像往常一样理财参政，鼎力支持革命政权。

新政权颁布了一系列改革吏制、保障民权、改善民生的法令措施，并着手组织北伐，以统一中国，实现共和。

由于西南军阀陆荣廷之流与北方军阀相互勾结，与孙中山为首的民主势力对抗，因此，孙中山决意在北伐之前，先将盘踞在广西的桂系军阀残余彻底清除，以解除北伐的后顾之忧。

5月28日，孙中山命陈炯明率部队进驻广东肇庆以趋广西梧州，命许崇智部由北江入桂作战，命李钧烈、欲正伦分率赣军与滇、黔军夹攻桂系。6月26日，粤军攻克梧州，首战告捷。6月27日，孙中山正式以非常大总统名义发布命令，向桂系发起总攻。随后，政府官员投入紧张的备战。年富力强的廖仲恺日夜繁忙，千方百计筹备军饷，还动员胃病好转的妻子何香凝参与后援工作。

为了慰劳出征将士，鼓舞士气，1921年7月，何香凝协助宋庆龄发动广州妇女组成“出征军人慰劳会”。宋庆龄为会长，何香凝为总干事。她们发动社会各界捐款捐物，赶制军衣收集药品食品等。廖仲恺还支持何香凝作画义卖，所得款项，充当军饷。很快，“军人出征慰劳会”筹到大批衣物和十几万元军饷。7月20日，何香凝亲率慰劳会成员，携带物品，赶到梧州前线，慰劳出征粤军。军队士气深受鼓舞，作战更加英勇。在粤军摧枯拉朽的进攻面前，桂系溃不成军。

随着讨伐桂系军阀战争的胜利，孙中山终于统一了两广，按既定的计划北伐。但此举终于遭到陈炯明的公开反对。原来自从陈炯明率粤军从福建打回广东后，居功自傲。广东革命政府成立时，他一身兼任陆军总长和粤军总司令要职，独揽军权。稍后，又兼任广东省省长、广西军事善后督办等职，但他还不满足。讨伐桂系军阀胜利后，陈炯明更加野心勃勃，称王称霸，不把孙中山放在眼里。1921年11月初，孙中山只好率许崇智部迁北伐大本营于桂林。11月中旬，陈炯明从广西梧州回到广州后竟然公开发表反对孙中山北伐的谈话，并拒绝从粤省官库中提款接济在桂林安营扎寨的北伐军。廖仲恺则旗帜鲜明、态度坚决地支持北伐。他随孙中山前往广西，为北伐军出师作准备。当他知悉陈炯明反对北伐时，又勇于挑起化解矛盾、争取陈炯明改变态度的重担，奔波于梧州、肇庆、广州、桂林之间。

1921年12月，廖仲恺在广州接待了赴广西会见孙中山的共产国际代表马林。马林是荷兰人，也曾在荷属爪哇从事革命活动而被驱逐出境。1921年7月，中国共产党在上海召开“一大”时，马林到会指导，他的行踪特别受到各方的关注。廖仲恺为确保其安全，特派专人将马林护送至桂林，确保马林顺利会见孙中山，就广东革命政权与苏俄关系及改组中国国民党等问题交换意见。孙中山非常信任廖仲恺，向廖仲恺电告了与马林会谈的情况。当马林离桂返沪经过广州时，又同廖仲恺进行会见。在中国共产党成立半年时间里，廖仲恺两次会见共产国际代表，无疑使廖仲恺加深了对共产党的了解，为他今后联俄联共奠定了思想基础。

孙中山扎营于桂林，原计划准备从湖南出师北伐，由于受陈炯明和湖南军阀赵恒的掣肘，不得不于1922年3月回师广东，扎营肇庆，经费极端困难。陈炯明虽然经廖仲恺多次劝说，仍无意北伐。4月20日，孙中山下令免去陈炯明广东省省长职务，改任伍廷芳为广东省省长。廖仲恺迅速从广东省官库中提取300万元巨款（足够北伐军半年军饷），于4月24日赶赴肇庆，接济陷于困境的北伐军许崇智等部，并陪同孙中山回到广州。

经过一番部署，孙中山决定把临时扎营于肇庆的北伐军移师粤北，设大本营于韶关，改道从江西出师北伐。

1922年5月，廖仲恺筹到3万元现款，陪同孙中山赴韶关督师。这一次，他带上儿子廖承志前往。年仅14岁的廖承志自小受母亲宠爱，长得敦厚结实，圆头圆脑，在家中被称为“肥

孙中山在韶关督师北伐。右四为孙中山，右五为廖仲恺

仔”。临行前，何香凝叮嘱说：“肥仔，韶关比广州冷，多带两件衣服。”

廖承志拍拍胸膛：“我不怕冷！”

何香凝又说：“带上几包饼干！”

廖承志说：“不要！我要跟北伐军一样，士兵吃什么，我也吃什么。”

廖仲恺插话：“香凝，别怕儿子受冻受饿，我带他去就是让他见识一下军旅生活，培养革命精神。革命的道路还很遥远，革命的成功要靠下一代。所以不要怕下一代受冷受饿。何况，我们的肥仔饿几天减肥更有利于身体健康。”

廖承志调皮地笑道：“跟着非常非常大的总统孙叔公，我才不怕饿哩！”

廖仲恺说：“那就大错特错了！第一，孙中山并不是非常非常大的总统，而是非常时期只管两个省的小总统；第二，孙中山一心为革命，追求统一祖国，生活艰苦而简单，有时喝一杯咖啡吃一个鸡蛋就是一餐。跟着他，也难免挨饿受苦哩……”

廖仲恺父子跟着孙中山，从广州黄沙车站乘火车向韶关方向奔驰而去，蒸汽机火车头冒着浓浓的白色烟雾，发出隆隆响声，不时还有“呜——呜——”的汽笛长鸣。车窗外，粤北的群山在这初夏时节青翠欲滴。有时，火车钻进长长的隧道，眼前一片黑沉沉。这一切，对少年廖承志来说很是新鲜。

火车抵达韶关，许崇智等将领和一队军人列队欢迎。随后，分乘几辆汽车，到达北伐军的营地，孙中山、廖仲恺在许崇智等将领陪同下巡视了北伐军的营地。身穿小西装，头发梳得光滑的廖承志学着大人一本正经迈着方步跟着走，引来了士兵们好奇的目光。孙中山一行来到检阅场，在临时简陋的主席台就坐，非常大总统孙中山位于正中，廖仲恺坐于前排右一。廖承志被孙中山牵到身旁的座位。开始懂事的少年廖承志不好意思与大总统并肩而坐，稍稍地把椅子挪后，摄影师按下快门，定格为一张珍贵的历史照片。

1922年5月孙中山、廖仲恺等在韶关留影。左一廖仲恺、左六孙中山、左五廖承志

操练场上北伐军杀声四起，“打倒北洋军阀！”“统一中国，实现共和”的口号声响彻韶关旷野的上空……

十五、视死如归留诗篇

孙中山把北伐军大本营移师韶关后，令被罢免广东省省长但仍为陆军总长、粤军总司令的陈炯明坐立不安，阴谋着如何与孙中山作对。陈炯明，字竞存，广东陆丰人，1878年生，自幼接受儒家思想教育，青年时期较多地接受资产阶级思想，继而参加维新活动，曾表示拥护孙中山护法，渐渐得到孙中山的器重。特别是他当了粤军总司令后，听从孙中山的意见，允许全体官兵加入中国国民党，更使孙中山认为他是可靠的“革命将领”。粤军击溃桂系军阀后，对陈炯明的赞誉之声四起。可这种赞誉却加速了他从“革命将领”蜕变为地方新军阀的过程。权力欲望强烈的他，利令智昏，反对北伐，只想盘踞广东这块富饶大地当他的“广东王”。

陈炯明挖空心思反对孙中山，首先想到是要锁紧孙中山的“钱包”。孙中山从组织成立中国同盟会起，历经国民党、中华革命党到中国国民党几个阶段，从初期的广东军政府、第一次护法军政府到这次革命政府，都是廖仲恺实际理财，源源不断地筹措经费。所以廖仲恺被人看作是孙中山的“钱荷包”，荷包没有钱，万事做不成。陈炯明深谙此道，于是他决定先向廖仲恺开刀。

1922年6月14日，退踞惠州的陈炯明谎称请廖仲恺去惠州领款，并说有要事相商。蒙在鼓里的廖仲恺也想见见陈炯明，以便做些挽救工作，于是毅然前往。但陈炯明心狠手辣，廖仲恺在前往惠州途经东莞石龙之际即遭陈炯明部下拘留，旋即被押送到位于广州西郊石井的广东兵工厂囚禁起来。当时陈炯明的部下兴高采烈地狂呼："我们把'孙大炮'（诬指孙中山）的'荷包'锁住了！"

囚禁廖仲恺两天后，即6月16日，陈炯明密令部属在广州叛乱。这天凌晨3时，陈的手下干将叶举等，悍然指挥部队猛烈炮轰观音山南麓的总统府。顷刻，炮声隆隆，弹片如雨，总统府顿成一片火海。紧接着，陈炯明以4000兵力强攻总统府和孙中山、宋庆龄居住的观音山。孙中山、宋庆龄在卫兵的掩护下，机智

1922年6月14日，廖仲恺被陈炯明囚禁于广州石井广东兵工厂80多天

而勇敢地逃脱，奔抵珠江北畔长堤的海军司令部，登上“楚豫舰”，驶至珠江口的黄埔港，6月23日再转至“永丰舰”。

廖夫人何香凝其时住在广州东山，在叛军炮轰总统府时尚未入睡，听到枪炮声，立即到街上打听消息。当她知悉是陈炯明叛变炮轰总统府，又想起丈夫两天未归毫无消息，且孙中山、宋庆龄又下落不明时，不禁脱口大骂陈炯明：“反骨的叛贼，天理难容！”她又气又急，几乎晕倒。但很快又镇定下来，连夜托人把醒女、承儿送离广州，避难香港，以免遭陈贼“斩草除根”。

第二天，何香凝冒着被抓的危险，到处打听消息。但是，此时广东革命政府的要员们几乎都躲藏起来了，何香凝奔波了 天，对孙中山、宋庆龄及廖仲恺的消息一无所获。第二天，她决定只身独闯广州市卫戍司令部。当她来到戒备森严的司令部时，司令魏邦平正在与叛军陈炯明部下叶举、洪兆麟等人开会。叶举正是率部攻打总统府的反动军官首领。他们见何香凝只身前来，正气凛然，不禁惊讶万分。洪兆麟等不得不把囚禁廖仲恺的事告诉她。

何香凝气愤地说：“你们这些人不仁不义！简直就是叛徒！竟然背叛孙先生！你们抓了廖仲恺已大逆不道，还把孙先生和孙夫人藏到哪里去了？快说！”

叶举一伙被何香凝骂得狗血淋头，一时不知怎样回应，也只好如实相告：直到现在孙中山和孙夫人仍下落不明。

何香凝既担忧生死未卜的丈夫，更担忧孙先生和孙夫人的安全。于是要求魏邦平："现在城里都是兵，关卡重重。你这个卫戍司令要给我发个特殊通行证，让我去寻找孙先生和孙夫人。"

魏邦平早就知道何香凝是中国国民党元老，个性刚强，敢说敢为，怕她三分。同时内心也觉得陈炯明炮轰总统府实在理亏，于是给何香凝签发了一纸特殊通行证。

何香凝几经周折，终于在珠江南畔康乐村附近的岭南大学（现中山大学）内一个小房子找到在逃难中流产的孙夫人宋庆龄。当知悉孙中山已避难于"永丰舰"时，何香凝又马上与海军联络，给孙中山送信、送衣物，前后去"永丰舰"3次。6月24日，也就是在廖仲恺被囚禁第8天，何香凝才联络到交通汽艇去探视自己的丈夫。

话说廖仲恺在禁锢中闻陈炯明叛变，义愤填膺，感慨万分，赋诗多首。其中一首题为《壬戌六月禁锢中闻度有感》的七律诗是这样写的：

珠江日夕起风雷，
已倒狂澜孰挽回？
征羽不调弘亦怨，
死生能一我何哀！
鼠肝虫臂唯天命，
马勃牛溲称异才；

物论未应衡大小，

栋梁终为蠹蟓摧！

廖仲恺被关在广东兵工厂内一所小房子里，房内只有一张铁床，一张条凳。他被铁链锁着手脚连结在铁床上。门外，几个持枪的卫兵守着。廖仲恺深感形势严重，随时有被杀害的危险，但他视死如归，写下《留诀内子》七绝诗两首：

（一）

后事凭君独任劳，

莫教辜负女中豪；

我身虽去灵明在，

胜似屠门握杀刀。

（二）

生无足羡死奚悲，

宇宙循环话杀机，

四十五年尘劫苦，

好从解脱悟前非。

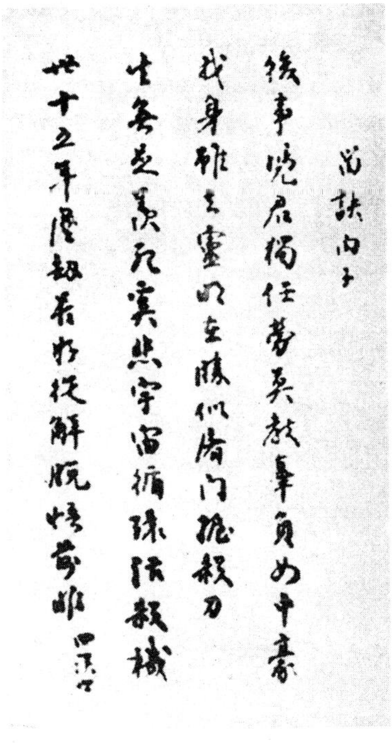
留诀内子
后事凭君独任劳莫教辜负女中豪
我身虽去灵明在胜似屠门握杀刀
生无足羡死奚悲宇宙循环话杀机
四十五年尘劫苦好从解脱悟前非

廖仲恺笔迹：《留诀内子》

廖仲恺故事

廖仲恺是一条好汉，但英雄肝胆亦柔肠。面对死亡他无所畏惧，但即将诀别妻子、儿女，也令他感慨万端，望天长叹。他想起18岁的女儿和14岁的儿子，有点内疚。十多年来，为革命奔波而与儿女离多聚少，如今身陷囹圄，随时牺牲；家中一无所有，两袖清风，给儿女留下一点什么呢？当儿女知道自己走上不归路的消息时，一定悲切啼哭了。想到这里，廖仲恺眼角湿润了，挥泪写下留给下一代的《诀醒女、承儿》：

女勿悲，儿勿啼，
阿爹去矣不言归。
欲要阿爹喜，
阿女阿儿惜身体。
欲要阿爹乐，
阿女阿儿勤苦学。
阿爹苦乐与前同，
只欠从前一躯壳。
躯壳本是臭皮囊，
百岁会当委沟壑。
人生最重是精神，
精神日新德日新。
尚有一事须记取，
留汝哀思事母亲。

十六、女中豪杰救丈夫

广州西郊珠江河畔一个叫石井的地方，人烟稀少，荆棘丛生。广东石井兵工厂就设在这里。它远离村庄，高墙深院，墙头上还有铁丝网，门口有几个荷枪实弹的卫兵把守着。

年届44岁的何香凝头束短发，身穿灰色长旗袍，方圆的脸庞神色刚毅，露出愤怒的目光。她迈着坚定的步伐，走进森严壁垒的石井兵工厂。陈炯明的一个下级军官陪着她来到这里探望被囚禁的廖仲恺。

在兵工厂内一个只有十几平方米的小房间，何香凝终于见到了丈夫廖仲恺。只见他被三道铁链锁在一张铁床上。穿着12天前出门时穿的夏衣，衣上汗渍斑斑，整个人都不成样子了。她一阵心酸，泪流满面，泣不成声。几个卫兵把守着，不让她上前靠近丈夫，也不准谈话。临别前，她大声喊着：“仲恺，多保重，我一定想办法救你！”

何香凝为营救丈夫而四处奔走。时值炎夏季节，经常汗流浃背，有一段时间还得了痢疾，常拉肚子，被迫住进医院。住院时又不断传来不利于廖仲恺的消息，她心急如焚，也顾不得痢疾未好就走出医院，身上带几块卫生布，继续到处奔走营救活动。有人主张策划劫狱，她怕这会加速使陈炯明杀害廖仲恺，没有同意。

过了不久，何香凝第二次去探望廖仲恺，并带去了衣物。随后，又经过一轮抗争，说服陈炯明部下熊略等人，给廖仲恺解开了铁链。

陈炯明知道何香凝的活动能力和刚强的个性，也知道一些国民党人在支持营救活动，甚至也了解在自己控制的粤军内部不少年轻军官、士兵敬重并同情廖仲恺，若再不及时处置，恐怕“夜长梦多”。因此，他决定过几天就枪毙廖仲恺。何香凝听到消息，更是焦急万分，决定第三次去探望丈夫。

这一次何香凝探监，气氛特别紧张，兵工厂里里外外三步一岗，五步一哨，如临大敌。5个卫兵寸步不离跟着何香凝。她要上前靠近丈夫谈话，也被卫兵用枪拦住，被隔开几米。廖仲恺也知道陈炯明即将杀害自己，便把在狱中写下的《留诀内子》《诀醒女、承儿》等十多首诗词捆成一扎，示意要交给何香凝。何香凝心领神会，迈步上前，但又被卫兵用枪阻拦了。何香凝气愤极了，赤手空拳拨开那支挡在她面前的枪，并厉声骂道：“你们放枪吧！放枪吧！我是不怕的！叫你们的贼司令来我也不怕！”卫兵被吓住了，稍一松手，何香凝拨开枪支，趋步向前，接过廖仲恺手中之物。后来，这些饱含着血和泪的诗篇被保存下来，编辑为《双清词草》出版，流传给下一代。

在陈炯明叛变后，孙中山避难“永丰舰”，蒋介石等上舰护卫。孙中山试图依靠海军和从韶关回师广州的北伐军平息陈炯明叛乱，但失利了。以武力营救廖仲恺的计划也落空了。1922年8月9日，无可奈何的孙中山，乘英炮舰“摩汉号”离开广州赴上海。

8月中旬，广州局势稍为缓和，得意洋洋的陈炯明从惠州来到广州，准备8月18日在白云山召开军事会议。这一消息被陈炯明一位与会的部下龙荣轩获知了。龙荣轩在日本留学时与廖仲恺、何香凝相识相知，便将消息提前密告何香凝，还应允会议当天把何香凝载到白云山下。

白云山，广州第一峰，方圆百里。其中最高的摩星岭349米，可俯览广州全城，山路峰回路转，古木参天，好些军事要塞、指挥部隐于山中，历来是兵家必争之地。8月18日这一天，天气炎热，午后还下起阵雨。何香凝单身孤影，步履维艰地朝着龙荣轩指点的方向在山中攀登。汗水和雨把她全身上下湿透了。爬啊爬，何香凝还一脚不稳滑到山沟里，弄得浑身黄泥，好不容易才找到陈炯明开会的隐蔽场所，何香凝被卫兵挡住了。一位年轻军官认得眼前这位全身湿透的中年妇女就是近两年来经常接济粤军的财政部长的夫人，便连忙把她带到挡风避雨的地方，问道：“廖夫人冒雨前来，有何贵干？”

何香凝见青年军官尚有礼节，便说：“不瞒你说，我是找你们陈总司令算账来的！他忘恩负义，想要杀害廖仲恺，没有那么容易！仲恺不仅是我丈夫，中国革命也需要他……”

青年军官先是吃惊，后来是同情和敬佩。思忖片刻，随即走进烟雾袅袅的军事会议室，又在陈炯明身边耳语："廖夫人找你来了。"

陈炯明一拍桌子："是谁让她进来的？"

"是我闯进来的！"未等青年军官回答，何香凝已出现在会场高声说道。

陈炯明连忙离座，假惺惺地说："廖夫人，这么大雨前来，衣服也淋湿了！"

何香凝对陈炯明进行说理抗争："雨湿怕什么？血湿我也不怕！我问你，仲恺有什么对你不起？你们说仲恺帮孙中山筹款，要把孙中山的荷包锁起来，就囚禁了仲恺。但仲恺何尝不在民国九年帮助你们呢？你们在漳州两年多，把孙先生在上海

外柔内刚的廖仲恺夫人何香凝

莫利爱路的房子抵押了几次来帮助你的不也是仲恺吗？难道只帮助你才对，帮助孙先生就不对了吗？同样都要帮助，帮助孙先生更要紧，我们没有对你不起！”

一度话说得陈炯明面红耳赤，又是让座，又是请茶请酒，还拿出一份电报表明：“囚禁廖先生是部下做出来的，详情我不知道。”

何香凝紧接着说：“我今天来，也不打算回家了。你把我砍成肉酱我也不怕，仲恺是杀是放，你今天一定要回答我！”

陈炯明环视一眼在座的军官们，个个默不作声，自知理亏，可是仍不答应放廖仲恺。为敷衍何香凝，便假意写一张条子，叫何香凝和龙荣轩到兵工厂，把廖仲恺押到白云山来。

何香凝拿起条子一看，识破陈炯明诡计，并无立即释放廖仲恺的意思，便把条子掷还给他，又厉声说：“我今天来，是没打算回去的。人死有重于泰山，有轻于鸿毛，你们就是把我砍成肉酱，我也不怕。今天我的死虽然轻于鸿毛，但是，我相信将来是会有价值的。对于廖先生，我也不一定要你放他，但是，我一定要你们今天给我一个决断的答复，就是放他或者杀他。”陈炯明被何香凝气离会议室。边上的人都说何香凝脾气太大。一个叫马玉航的军官走过来劝解：“把廖先生放到白云山就是放他的了，你为何对总司令还发这么大的脾气？”

何香凝说：“这是明放暗杀！要放就让他跟我回家去，要杀他就留他在白云山上。”

马玉航把何香凝的话传给陈炯明。陈又回到会议室，何香凝对他说：“你做事要磊磊落落，要杀廖仲恺就随你的便；要放他就让他和我一同回家。不要解到白云山来明放暗杀！”

陈炯明自知理亏，而且他觉得孙中山已去上海，北伐军、海军也远离广州了，革命势力对他的威胁也暂时解除；同时觉得以前留驻漳州的粤军干部对廖仲恺怀有好感，于是不敢遽尔杀害廖仲恺。踌躇再三，对廖仲恺下了释放令。

何香凝在龙荣轩等人陪同下，立即赶到石井兵工厂。这时，天色已晚，秋风瑟瑟，何香凝搀扶着被囚禁了八十多天、虚弱疲惫的丈夫深一脚浅一脚回了家。绝处逢生的廖仲恺非常感激革命伴侣何香凝。他洗涤过后，见她在收拾行袋，忙问：“又去哪里？”

何香凝说：“立即走人！陈炯明放你，可能是一时的良心冲动，说不定今晚又派兵把你捉回去。”

廖仲恺说：“变乱时，执信学校遭到破坏，还有女生被兵强奸了。我打算明天到执信学校去处理一下。”

何香凝说：“只有留有生路，回来可以再办学校。”经过争论和联系，半夜三时，廖仲恺夫妇在珠江边上了小艇离开广州，辗转到了香港。

果然不出何香凝所料，翌日上午10时，陈炯明派兵到廖家要重新逮捕廖仲恺，扑了个空。

十七、联俄联共探新路

陈炯明的叛变，使孙中山、廖仲恺苦心经营的粤军变成新军阀武装。这一事件给孙中山和廖仲恺等国民党人的打击是沉重的。孙中山沉痛地说："顾失败之残酷，未有盛于此役者。"失败是成功之母。失败使孙中山、廖仲恺认识到军阀祸国殃民的本质，依靠这一方军阀反对另一方军阀，革命断不能成功，必须寻求新的同盟军。经过深思熟虑的孙中山决定与苏俄及中国共产党建立联系，改组国民党。廖仲恺坚决拥护孙中山这一政治主张，并积极参加联俄联共相关大事，为中国革命探索新的道路。

1922年8月下旬，廖仲恺脱离陈炯明的牢笼到上海几天后，便大力协助孙中山做联俄联共的工作。当时，孙中山同李大钊及共产国际代表马林举行会谈，双方确定中国共产党党员可以以个人的身份加入中国国民党。随即，共产党员李大钊由孙中山作为介绍人参加了国民党。同时，马林又与廖仲恺等国民党人接触，提出了国民党应该着眼于发动工农群众参加民族民主革命运动的意见，使廖仲恺受到很大的启发，开始重视工农运动，以致后来还当上工人部长、农民部长。

1922年8月廖仲恺（前排左一）在上海与孙中山（坐椅排右四）等革命党人重新会合时留影

9月，孙中山在上海会见了苏俄派驻中国使团团长越飞的随员，商讨联俄等重大问题。由于上海英租界的特务跟踪，孙中山便派遣廖仲恺赴日本，与越飞随员举行秘密会议，以进一步落实联俄事宜。

当时，适逢廖仲恺的胞兄、北京政府驻日本的代理公使廖恩焘六女廖承麓（六薇）与许崇清在东京举行婚礼，廖仲恺夫妇以参加侄女婚礼为掩护，于9月26日抵达东京。在等待侄女婚礼以及等待越飞随员到来的日子里，廖仲恺积极联系在东京的中国国民党人，宣传孙中山联俄联共的思想。10月3日在东京的中国国民党员50多人，假座中日韩会馆举行茶会，为廖仲恺、何香凝接风。茶会上，廖仲恺畅谈国内革命形势和前途，鼓舞海外游子斗志。

稍后，何香凝因父亲何炳恒在香港病逝，何香凝立即回香港奔丧，并分得一笔遗产。后来，何香凝用这笔遗产在广州东山百子路（现中山二路）建了一栋居屋，亦命名为“双清楼”。

10月24日，廖仲恺出席了廖承麓与许崇清的婚礼。为其夫妇郎才女貌感到无比高兴，欣然填词《千秋岁》祝贺：

1923年初，于日本厢根。左起许崇清、廖梦醒、廖承苏、廖仲恺、廖承麓

节楼天际，挹尽风光丽。丛菊笑，山枫醉，秋色湛蓬莱，良夜谐人事。劳月老，不辞红线牵千里。

璧合成双美，阿娇归学士。瑶瑟弄，华堂启，翩翩鸾凤集，息息心情契。齐按拍，高歌为唱千秋岁。

在越飞的随员到达东京后，廖仲恺与之秘密接头，抓紧时间进行会谈，历时多天。他们巧妙地避开密探的跟踪，诚挚而认真地交换了意见，起草和反复修改了著名的《孙文越飞宣言》。同年11月上旬，廖仲恺回到上海。孙中山对宣言初稿表示满意，对廖仲恺的工作给予赞许。

1923年1月17日，越飞来到上海。孙中山、廖仲恺热情接待了他，并于当月26日签署公开发表了《孙文越飞宣言》。该宣言的正式发表，确定了联俄联共的原则。为进一步磋商具体的实施办法，廖仲恺又奉孙中山之命，于同年2月初与越飞继续商谈。这一次赴日，廖仲恺带上女儿廖梦醒以治病为由作掩护，住进了以温泉治疗而驰名的热海饭店。越飞也以患有足疾为由作掩护住到这里来了。廖仲恺和越飞秘密会谈一个多月，就联俄联共和国民党改组，筹办军校进行了深入讨论。会谈很成功。通过与越飞的多次会谈，廖仲恺在思想上跨越了一大步。他对俄国十月革命性质、共产党的宗旨了解得更多；对中国革命反帝反封建性质、对工农群众在革命中的作用有了更深入的认识。

1923年春，孙中山（左五）、廖仲恺（左四）在广州东较场检阅军队

1923年1月，孙中山依靠滇军杨希闵、桂军刘震寰部队把陈炯明驱逐出广州；2月重返广州任陆海军大元帅；3月1日成立大元帅大本营。当时，尚在日本与越飞会谈的廖仲恺被任为财政部长。

同年3月下旬，廖仲恺从日本回到广州履职。5月7日，调任广东省省长，几个月后还兼任筹饷局总办，致力于统一财政工作，鼎力支持孙中山在广州第三次建立革命政权。

广东省公署在广州越华路一处大院（今广东省民政厅所在地），而大元帅大本营则在珠江南畔原来的大元帅府。廖仲恺经常在这两个地方奔波，几乎每天都忙到晚上七八点才回到东山百子路的“双清楼”。妻子何香凝每天以热饭热水等待丈夫归来，期待丈夫的笑容并带来革命的喜讯。

“仲恺，有什么好消息？你就不能笑一笑给我看吗？”

“当前局势我能笑吗？”廖仲恺脸色凝重地说，“广东革命政权虽然已重建，但新盘踞在广州的滇、桂军阀，只是打着孙中山的旗号拥兵自重，扩张势力，争权夺利，甚至与北洋军阀暗相勾结。而退缩在惠州的陈炯明，在英帝国主义和直系军阀的支持下，蠢蠢欲动，妄图卷土重来。”

何香凝认真地听着，关切地问：“那孙先生有什么打算？”

廖仲恺坚定地说：“联俄联共方针已定！我党人心涣散，组织松懈，难以继续领导中国革命了。国民党必须改组，刻不容缓！”

1923年，廖仲恺、何香凝一家和亲友在新建不久的“双清楼”前合影

同年11月11日，廖仲恺受孙中山委托出席广州市国民党党员恳亲大会，发表演说。他说：“本党自同盟起，迄于今日，名义数更，组织屡变，个人与团体牺牲既巨且多，虽其中屡起屡蹶，又复屡起。然试看本总理自奔走革命以来，于兹数十载，今日须鬓皤然，仍须沾渍锋镝于沙场血泪中……考本党不进原因，约有二事：组织未备也，训练之未周也，皆其重且大者。”“吾人既知组织之未完备，当思有以改善……必须吾党同人先固其本。”廖仲恺进一步鼓动党员：“现在前敌猖狂，将士劳瘁。吾人处此等事倥偬时期，自当整理内部，以为后方接济，牺牲个人私利，而为国家谋幸福。”（这里记录的是廖仲恺原话）他最后说：“总理甚愿吾党良好的组织与训练，从速实现；尤愿吾党同志各司其职，或为口头上之鼓吹，或为文

字上之宣传，阐我党纲，扬我党誉，俾本党日臻于昌盛。”

孙中山为了加快联俄联共，改组国民党步伐，于1923年10月18日命廖仲恺、李大钊（跨党的共产党员）、汪精卫、张继、戴季陶为国民党改组委员，聘俄人鲍罗廷为国民党组织教练员。此后国民党改组工作在孙中山直接领导下具体实施，而廖仲恺则成为孙中山最得力的助手。

十八、国共合作大功臣

1923年10月至11月中旬，正是国民党改组工作紧张进行时，盘踞惠州的陈炯明在东江一带大举反攻，广州形势一度十分危急。孙中山不得不亲赴前线督战。

孙中山赴前线之时，指定廖仲恺、谭平山、胡汉民、孙科等9人为中国国民党临时中央执行委员会委员，汪精卫、李大钊等5人为候补委员，共同组成临时中央执委会，负责国民党改组实施工作。

10月28日，廖仲恺主持召开中国国民党临时中央执行委员会第一次会议，宣告成立临时中央执委会，并对改组国民党的工作进行部署。会议还决定1924年1月在广州召开中国国民党第一次全国代表大会。

在此后筹备“一大”的两个多月时间里，廖仲恺最为繁忙，殚精竭虑。一方面他要不断向前线的孙中山汇报改组工作，传达孙中山的指示；另一方面他还要对党员干部做大量的思想工作，排除各种干扰。

孙中山联俄联共改组国民党的主张，始初并没有得到国民党内部的广泛响应，而反对的人倒是不少。汪精卫、邹鲁、居正、胡毅生、冯自由、邓泽如、张继等均持反对意见；胡汉民态度折中；最坚决拥护的只有廖仲恺、何香凝、宋庆龄、柳亚子等人。很多干部、党员在犹豫观望，或者漠不关心。

汪精卫等人散布谣言说：让共产党人参加进来，好比“孙行者跳入铁扇公主的腹内翻筋斗、耍金箍棒”，铁扇公主如何受得了？

邓泽如、林直勉等11人联名上书孙中山，说国民党改组“实多出自俄人鲍罗廷之指挥”，“全为陈独秀之共产党所议定”。

戴季陶也从上海给廖仲恺来信说：“叫共产党进来，只能当做酱油之类的调味品，不能当做正菜吃……”

甚至有些国民党右派分子诽谤：“廖仲恺被共产党收买了”，“廖仲恺就是共产党！”

面对煽阴风点鬼火的右翼势力，廖仲恺毫不动摇，坚定不移地贯彻孙中山的革命主张。他主持召开国民党临时中央执委会会议28次，通过决议案400多件，解决了很多实际问题。

廖仲恺还参加讨论和起草国民党一大宣言、党章的草案。鲍罗廷受孙中山委托用英文起草的党纲、党章草案等，也是由廖仲恺翻译成中文的。

广州和上海是国民党活动最为重要的地方，廖仲恺亲自抓这两地的改组工作，广州正式成立了9个区党部，60多个区分部，党员登记8000多人。在他的支持下，广州地区的中共党员阮啸仙、刘尔崧、杨匏安、周文雍等23人，分别当选为各区党部或区分部委员。1923年11月28日，在广州改组工作取得显著成效后，廖仲恺和俄共产党员鲍罗廷、中共党员谭平山冒着冬天刺骨寒风赶赴上海，指导上海的改组工作。临行前，夫人何香凝嘱咐说："上海是冒险家的乐园，龙蛇混杂，你要多加小心。"11年前宋教仁在上海车站被刺的情景马上浮现在脑海，那"啪啪"的枪声仿佛还在耳边回荡。血淋淋的场景记忆犹新。但廖仲恺镇定地说："香凝你放心吧，改组损害某些人的利益，可能对我不利，但要完成好孙先生的重托，利于党国，纵然山有虎，我仍要向虎山行。"

11月30日，廖仲恺一行3人抵达上海后，首先会见了国民党上海负责人居正，传达孙中山指示，责成居正主持选举北方各省"一大"代表。随后，廖仲恺向上海国民党人重申孙中山和临时中央执委会不久前作出的关于改组国民党上海执行部的决定，开展耐心细致的工作，协调上海国民党人各方关系，使上海国民党改组工作向前跃进了一大步。

12月9日，廖仲恺在上海举行的国民党中央干部会议第十次会议上作报告，阐述国民党改组因由和意义。他说："此次之所以改组，有极大的原因，广州政治起伏之经过有三度：一为大元帅府，二为总统府，三为各军逐陈，请孙先生回粤。三次失败，皆因军人持权，党员无力，故党之主张无力。假使广州方面有相当数目（如有10万）之党员，何致历次失败之结果……本党自同盟会以来，概无精密组织。如民国成立改为国民党时，仅以议员多少来衡量党员数量。其后经过中华革命党、中国国民党，均属无甚组织。前数已觉本党之有缺点，但不知缺点在何处。今年始寻出故遂决然改组。”

在这次中央干部会议上，廖仲恺代表孙中山宣布，由汪精卫、居正、张继、叶楚伧、戴季陶、胡汉民、谢特等7人组成中国国民党上海执行部。该部具体负责上海及苏、浙、皖、赣等四省国民党改组事宜。

12月23日，廖仲恺又在上海党员大会上发表演说。在他的推动下，国民党上海14区分部成立。党员登记工作进行得很顺利，在上海的一批共产党员也以个人名义加入中国国民党。“一大”代表团也陆续选出。廖仲恺在上海一个多月，改组工作卓有成效。1924年1月8日，廖仲恺回到广州，马上又投入“一大”最后的筹备工作中去。

1924年1月中旬，前来参加国民党“一大”的代表，从国内外陆续抵达广州。1月19日，孙中山主持召开“一大”预备会议。廖仲恺报告了大会筹备概况并对议事日程作了安排。

中国国民党“一大”会场旧址

1月20日至30日，中国国民党第一次全国代表大会在广州的广东高等师范学校礼堂隆重举行。到会代表165人，其中以个人名义加入国民党的共产党员有李大钊、毛泽东、瞿秋白、谭平山、林伯渠、李立三等23人。何香凝作为孙中山指派的3位女代表之一出席大会。在孙中山的领导下，廖仲恺具体指导组织大会的工作，成为这次大会的核心人物。

大会围绕着《宣言》草案中提出的反帝反封建纲领，进行一场激烈的争论。国民党右派分子甚至恐吓孙中山放弃《宣言》草案。而廖仲恺等国民党左派和共产党人，旗帜鲜明地支持《宣言》中反帝反封建的纲领。在1月23日表决《宣言》草案大会上，廖仲恺首先发言，他说："宣言及政纲是革命的性质，实行打破一切军阀官僚，铲除一切发展的障碍，并且表现本党做事的精神。"他的发言谈了三层见解，逻辑性强，铿锵有力，落地有声，令大多数代表折服。终于通过了以反帝反封建政治纲领为主要内容的《中国国民党第一次全国代表大会宣言》。

1月28日，在大会讨论《中国国民党章程》时，右派分子方瑞麟、江藩伟等以"党章应明文规定本党党员不得加入他党"为提案，兴风作浪，反对党员跨党。其实质就是反对共产党员以个人名义加入中国国民党，破坏国共合作。李大钊首先严正驳斥这一荒谬提案，廖仲恺接着也对右派分子进行有力的反击。当时的大会会议录记录着他的话："吾人第一要问，我们的党是什么党？是不是国民党？第二要问，我们的党是否有主义，是否要革命的？如果我们的主义能服膺，革命能彻底，则一切皆可不成问题。且加入本党的人，我们只认他个人加入，不认他全体的加入。只要问加入的人，是否诚意来革命的。此外，即不必多问。”廖仲恺的发言扭转会场气氛。最后，大会否决了方瑞麟等人的提案，通过了允许共产党员和社会主义青年团员，以个人的身份加入中国国民党的新党章。

大会还选举了包括廖仲恺和10名共产党人在内的中国国民党中央执行委员会。这样，中国国民党就由资产阶级性质的政党开始转变为工人、农民、城市小资产阶级和资产阶级的民主革命同盟。这次大会宣告了第一次国共合作的确立，从而使中国革命进入一个新的历史时期。

廖仲恺在中国国民党“一大”发言（油画）

后来，历史学家是这样评价廖仲恺的："在协助孙中山促成国共合作方面、在巩固和发展国共合作方面，当时没有一个人的作用可与廖仲恺相比。他始终如一地维护国共合作，成为共产党人的真挚朋友，最后还为国共合作献出了宝贵的生命。因此，他无愧为孙中山最亲密的战友，无愧为第一次国共合作的第一功臣，值得永远怀念。"

十九、黄埔军校的“慈母”

中国国民党第一次全国代表大会闭幕后的第二天，国民党总理孙中山主持召开第一届一中全会。会上，选出廖仲恺、戴季陶、谭平山3人为常务委员，主持中央日常工作。此后，廖仲恺又兼任工人部长，他的工作更繁忙、更重要了。其中，筹办陆军军官学校是最重要的一项。

历次革命失败的教训，使孙中山、廖仲恺等国民党人明白，必须要有自己的革命武装，而办军校培养训练军官，是建立革命武装的首要任务。共产国际和苏联对孙中山要创办军校的重大举措也表示支持。所以，在国民党“一大”期间的1月24日，孙中山就决定组织“陆军军官学校筹备委员会”，委任蒋介石为委员长；1月29日，孙中山任命廖仲恺为陆海军大元帅大本营秘书长，协助军校的筹备事宜。

廖仲恺对筹备军校这一大事极端重视，高度负责，并立即全力投入工作。在1月30日下午“一大”即将闭幕之时，他就抓紧时间向各省市代表布置军校的招生工作。他特别强调学生政治素质的重要性：“各代表对于介绍青年军官学生要特别注意，其人必须明白本党主义，且诚实可靠，能做事，方可入选。”参加大会的李大钊、于右任、毛泽东等，后来便据廖仲恺提出的要求推荐了大批学生和教官。

在协助筹办军校期间，廖仲恺任人唯贤，不分党派，多方延揽人才。他抽调粤军第二师参谋长叶剑英、粤军第一师第三团团长邓演达参加军校筹备工作。不久，经李大钊介绍，廖仲恺又安排共产党员张申府（崧年）参加军校筹建和第一期招生考试工作。

陆军军官学校选址在珠江口黄埔长洲岛。人们也把它简称为黄埔军校。当年长洲岛交通不便，环境恶劣，此处有一间广东陆军小学，只有一些破旧房子，设施设备一切空白，面临的困难很多。廖仲恺知难而进，而身为筹委会委员长的蒋介石，参加筹办尚未足月，便以“环境恶劣，办事多遭掣肘”为借口，实不愿与苏联合作，于2月21日写下辞职书，回老家浙江奉化去了，由他的英文秘书宣布：“军校不办了！”

黄埔军校旧貌

参加军校筹办的叶剑英、邓演达等反对停办军校，立即向时在香山县处理公事的廖仲恺请示。廖仲恺赶回广州，对蒋介石宣布停办军校极为气愤。他对叶剑英等人说：“办黄埔军校是党要办的，而且一定要办成的！如果蒋先生不办，或因此办不成，蒋先生罪于全党。将来他如果想回来再参加革命，怕困难了。所以筹备工作要照常进行。”两天后，孙中山得知蒋介石已离职而去，便任命廖仲恺为代理军校筹备委员会委员长。廖仲恺不负重托，毅然负起黄埔军校筹办全责。他一方面进行各项筹备工作，另一方面多次致电蒋介石，劝其以革命大局为重，早日归来复职。2月25日电曰：“党事讵可因兄而败！已代告假半月。来沪（考点）之军官学生，即将就近考验，事竣即归。”3月10日电曰：“军官及学生到粤投考者二百余人，候已一月，旅费用罄，纷纷函诘，无从置答。现已定本月24日考军官，27日考学生，请即先在沪考试，试毕即归，毋负远来考者以免损党誉。”此后多次电催蒋介石“请即行”、“均待驾临”、“惟请即来”等。而蒋介石在陈炯明叛变时，专程从上海赶回广州，在“永丰舰”上与孙中山共患难50多天，从此受到孙中山的重用和各方面的另眼相看，因此特别自负，尽管廖仲恺多次电催，仍然迟迟不归。

廖仲恺唯以大局为重，3月1日辞去广东省省长一职，集中精力搞好军校的筹备工作。军校筹备处在他的领导下，很快修建了校舍，整治了校园、操练场。3月24日，军校在广东高等师范学校内举行下级干部考试；27日，军校以广东大学、广东高等师范学校为试场举行第一期新生入学考试。报考的军官学生达1200百余人。经过考试，来自全国各地的两党优秀青年如蒋先云、杜聿明、宣侠父、郑洞国、左权、陈赓、徐向前、袁守谦等350人被录取成为黄埔军校第一期学生。

同时，廖仲恺还主持军校筹备处制订新生教练计划，确定军校的教育方针是以三民主义为指导，军事教育与政治教育并重。为推行这一教育方针，筹备处于3月下旬还作出“军校全体师生必须加入中国国民党”的重要决定。

廖仲恺还对经费、师资、机构设置、人事安排等方面都做出计划并逐步实施。4月中旬，军校筹备工作基本就绪。蒋介石于4月21日回到广州，廖仲恺、蒋介石陪同孙中山入黄埔军校视事。孙中山亲任军校总理。5月3日，孙中山委任蒋介石为黄埔军校校长；5月9日，委任廖仲恺为国民党党代表。总理、校长、党代表组成军校的最高领导机构“校本部”。下设政治、教授、训练、管理、军需、军医等6个部。

廖仲恺被委任为军校国民党党代表后，自知责任重大，在开学典礼正式举行之前，他抓紧学前教育。5月11日，他对军校师生发表题为《救国三要件》的演讲。站在国民党的立场上对师生训话：“中国目前顶大的缺点，不是没有人才，实在是没有统一的组织，没有统一的意志，没有统一的精神。所以许多毛病都发现出来了。想救中国，只有三件事：就是要统一的组织，统一的意志，统一的精神。却是这三件事，须从国民党做起，尤其须从本校做起。如果这三件事做不成功，就是本校的失败。本校失败，就是国民党失败。国民党失败，就是中国失败。请各位特别注意！”

1924年6月16日，黄埔军校在孙中山的主持下，举行隆重的开学典礼。孙中山偕夫人、蒋介石和廖仲恺站立在“将台”上检阅精神抖擞的数百名学员和教官。用毛竹临时搭建的“将台”，以白色为主调，悬挂着以青天白日为图案的中国国民党党旗和国旗。唯一的小桌子铺着白色的台布。孙中山身穿一套白色的中山装，蓄着八字胡，神采奕奕。廖仲恺身穿一套平时很少穿着的白色西装，手持白色礼帽，夏风吹拂着他胸前那条斜纹（斜纹代表勇敢）西装领带，格外引人注目。

1924年6月16日，黄埔军校开学典礼的“将台”上。
左起廖仲恺、蒋介石、孙中山、宋庆龄

纵观黄埔军校筹建的全过程，廖仲恺是真正的创建者。连蒋介石也不得不承认这是事实，赞扬廖仲恺“襄助总理，手创本校。”

黄埔军校开学后，廖仲恺虽然又增加广东省省长、中央政治委员会委员、军事委员会委员、农民部部长等多项职务，但他对军校党代表一职，始终是尽忠尽职。为办好军校呕心沥血，做出了卓著的贡献。

在贯彻教育方针方面，廖仲恺强调以孙中山三民主义为指导，政治教育与军事教育并重，坚持反帝反封建的革命方向。他常常在百忙中到军校演讲，并对师生系统讲述了《帝国主义侵略史》、《三民主义》等专题。

在与共产党人团结合作方面，廖仲恺堪为表率。他坚定地推行联俄联共政策，确保黄埔军校早期的健康发展。在军校教官和学生中，共产党员的比重很大。而作为国民党党代表的廖

孙中山、廖仲恺在黄埔军校视察

仲恺对来自两党的教官和学生一视同仁，不持偏见。他对被邀请回国任政治部主任的共产党员周恩来尤其敬重，共事亲密无间。有时，还在广州东山“双清楼”与周恩来共进早餐，然后一起驱车到黄埔去，这对军校内一些反共思潮与势力，起到一定的震慑作用。1924年7月，在廖仲恺的主持下，成立黄埔军校国民党特别区党部，5位执行委员中就有3位是跨党的共产党员。同年9月成立的教导团，团、营、连三级的国民党党代表中，有不少人是跨党的共产党员。廖仲恺对鲍罗廷等苏联军事顾问和苏联教官，也很尊重。由于廖仲恺坚持联俄联共，团结合作，使共产党人在军校政治工作中发挥了积极作用。

在解决校财政困难方面，廖仲恺千方百计筹款。当时广东军政、财政、民政尚未统一，军校新需经费与孙中山下令的财政拨款每月3万元往往差距甚大，苏联的援助也有限。广州财政仍受混在革命阵营中的杨希闵、刘震寰所控制。他们不愿看到军校发展壮大与之抗衡，故在经费上卡军校的脖子。廖仲恺为筹措军校经费，常常东奔西走，废寝忘食。有一次，廖仲恺拖着疲惫的身躯深夜才回到家中，妻子何香凝问他发生什么事，他含泪长叹一声说：“军校的师生还有两天就无米下锅了，我刚才是到杨希闵家里乞钱的，受尽了气。等他抽完大烟才拿几千元出来……”又有一次，廖仲恺急着要为军校买东西而钱不够，便回家向何香凝“借”400元。何香凝手头钱也不多，只好向女工借30元凑足数交给丈夫。总之，廖仲恺为解决军校经费的燃眉之急，常常奔忙，东挪西借，甚至向上海钱庄高利贷借款，或忍辱向军阀乞求。

廖仲恺为黄埔军校的创立、生存与发展，殚精竭虑，呕心沥血。其忠心耿耿报效党和国家，一心为公投身革命的精神深深地感动了军校师生，大家赞誉他为“黄埔慈母”。

二十、威武不屈平叛乱

1924年8月9日拂晓，一艘悬挂着挪威国旗的“哈佛号”商船缓缓地驶入珠江河道。在夜色的掩护下，它悄悄地向广州长堤的天字码头靠近。

这艘外籍船的神秘行踪，引起革命政府广州工团军官兵的警惕。很快，便弄清了这是反动的广州商团偷运枪械的船。紧急情况由共产党人谭平山连夜报告给廖仲恺。身兼党、政、军多个要职的廖仲恺早就知悉，广州商团头子、香港汇丰银行买办陈廉伯与佛山大地主陈恭受在英帝国主义的支持下，不久前成立广东商团联防总部，企图与广东革命政府对抗，还妄想取而代之。如今，他们在偷运武器，说明事态严重。

廖仲恺立即与孙中山磋商应急措施。孙中山随即命令蒋介石加强戒备，并命“永丰”、“江固”两舰将“哈佛”轮押至黄埔军校水域扣留，查明装有1129箱的长短枪9841支，子弹337.42万发。

8月10日，廖仲恺以广东省省长名义发布《扣留商团私运枪械布告》和《禁止成立商团联防总部令》。这一下子像捅了马蜂窝，一场商团叛乱和革命政府平息叛乱的斗争拉开序幕，同时也把廖仲恺推向了斗争的风口浪尖。8月12日，陈廉伯煽动商团2000余人到大元帅府“请愿”，索还被扣留的枪械。陈廉伯还串通驻广州的滇军向孙中山、廖仲恺施加压力。次日，又悍然宣布成立全省商团军联防总部，同时勒令各地商人罢市。他们散布谣言，说廖仲恺是共产党人，要实行“公夫公妻主义”，并推举大地主陈恭受为攻打省城的总司令，妄图推翻广东革命政府。

面对反革命来势汹汹的嚣张气焰，国民党右派分子有的像缩头乌龟一样避而远之，有的主张向反动的商团妥协。而廖仲恺威武不屈，与之作坚决的斗争。8月22日，发布《劝告商民切勿罢市布告》和《致广东各地商会商团电》揭露陈廉伯一伙的阴谋：“陈廉伯包藏祸心，私运军火，幸早发现，不致糜烂地方。殊陈廉伯野心不死，潜遣党羽，煽动各埠，商民罢市，并纠匪抵抗。陈恭受自称攻城司令，又以实行‘公夫公妻主义’的谰言，诬诋政府。复声言陈廉伯助款百万，推翻现政府，自充省长。似此逆迹昭著，实属罪不容诛。”

8月23日，廖仲恺更是下令通缉陈廉伯、陈恭受，并令黄埔军校派出第3队、第4队学生军开进广州市内维持治安。而陈廉伯一伙即令商团军抢占广州西关一带，并强迫商店罢市。商团军雇用流氓，提着粪便，见有开门营业的商铺，就向店内大泼屎尿。同时，强迫商人不准使用广东革命政府印发的纸币，甚至还掳走广东革命政府所属部队派去购物的军需官，其反革命气焰十分嚣张。廖仲恺得知后，下令将为首的商团凶手逮捕枪决。商团并不罢休，反而策划更大的暴动。英帝国主义也从幕后跳到前台，明目张胆干涉我国内政，公开派出兵舰游弋珠江，将大炮指向孙中山大元帅府。英驻广州领事馆甚至致函广东革命政府威胁："奉香港舰队司令之命，如遇中国当局有向城市开火时，英国海军即全力对付之。"

在这局势一触即发的危急关头，廖仲恺和共产党人要求孙中山明令讨伐商团。但革命政府内的国民党右派和驻守广州的军阀，却极力主张妥协。8月29日，滇军第二军军长范石生，第二师师长廖行超擅自和商团议定对商团有利的6项条款：（一）全部发还被扣枪械；（二）批准商团联防总部"改组"后立案；（三）撤出调入广州的驻军；（四）撤销对陈廉伯、陈恭受的通缉令；（五）商团终止罢市；（六）商团向革命政府军报效军费50万元。这6项所谓"调停"条件，居然得到国民党胡汉民、汪精卫等一批人的支持，纷纷劝说孙中山接受。当孙中山拒绝时，范石生又危言耸听地说："市面危机四伏，险象环生，万一发生变故，全局皆坏。"他们还制造谣言，称广东革命政府将实行共产，廖仲恺是共产党的领袖，只有将廖仲恺调离广东省长职务，才能缓和紧张局势等。

9月10日，廖仲恺发布《告诫各界勿轻信谣言布告》，严正声明："本省长为国民党人，非共产党人，对国民党人之宗旨、主义二十年未有改之……对于此等谣言，切勿轻信，如再有造谣生事者，定严惩不贷。”

由于受右派和军阀的包围，孙中山被迫于9月12日委任胡汉民为广东省省长，另委任廖仲恺为大元帅财政部长和军需总监，廖仲恺终未就职。

胡汉民就任省长后，于9月20日取消了对陈廉伯、陈恭受的通缉令，发还其被封财产，同时决定以商团报效50万元给政府为条件，发还部分被扣的枪械给商团。

如此妥协令商团得势，其头目陈廉伯、陈恭受得志更猖狂。他们在英帝国主义的支持下，反革命气焰更为嚣张，在市内散发“打倒孙中山、廖仲恺”的传单。10月4日，广东全省188个县、镇的商团代表在佛山集会，议决发动全省第二次总罢市，武装进省请愿，企图威迫孙中山、廖仲恺下台。

廖仲恺坚决反帝的精神，得到中国共产党和苏联的支持。正当孙中山、廖仲恺受反动势力包围的严峻时刻，中共中央机关刊物《向导》发表题为《帝国主义与反革命压迫下的孙中山政府》的署名文章，建议中国国民党发表讨伐商团宣言。文章指出：“商团军纯粹是帝国主义的工具，中国商民尤其店员不应当受帝国主义的雇用。”10月7日，苏联政府支援的8000支步枪、400万发子弹，由军舰运送到黄埔军校。孙中山和廖仲恺等国民党人也加紧对商团的反击部署。

1924年10月10日，广州工农学各界和黄埔军校师生在广州第一公园举行纪念辛亥革命13周年大会。黄埔军校政治部主任、共产党人周恩来在会上发表演说，严正警告帝国主义和商团必须停止阴谋推翻孙中山革命政府的反革命活动。会后，各界群众和黄埔军校师生举行声势浩大的游行。

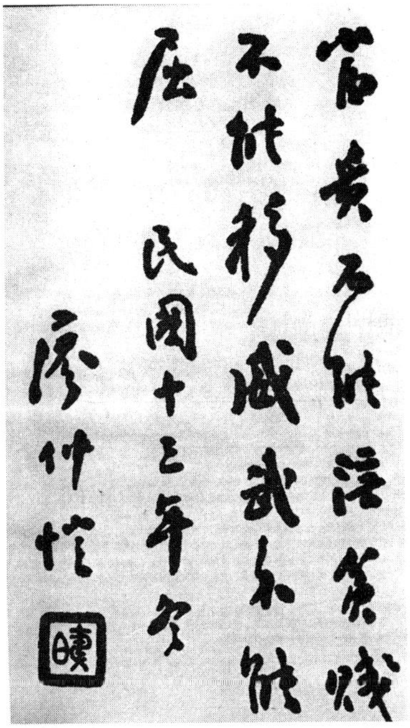

廖仲恺当年题写的“座右铭”

当天，广州商团趁孙中山仍在韶关部署北伐之机，发动武装叛乱，居然开枪扫射手无寸铁的游行群众，当场打死20多人，伤数十人，鲜血染红了广州街头。还有100多人遭商团军捕捉。同时，商团军到处张贴“驱逐孙文”、“驱逐廖仲恺”、“打到孙政府”标语，把广州城闹得乱哄哄的。

在广州商团发动武装叛乱当天，孙中山、廖仲恺等国民党人义愤填膺。他们在中国共产党、黄埔军校、工团军和市民群众支持下，成立了镇压商团叛乱的领导机关——革命委员会。孙中山亲任会长，命廖仲恺为全权委员兼秘书。10月12日，胡汉民宣布全城戒严。10月13日，随孙中山的警卫军和北伐军一部星夜赶回广州。10月14日，在廖仲恺和各军将领指挥下，黄埔军校学生军与拥护孙中山的滇、湘、粤、豫各军兵分五路把广州商团军占据的广州西关一带包围起来，并限令商团军即日缴械投降。但商团军负隅抵抗。10月15日，革命委员会即发出攻西关令，军号激越，枪声四起，黄埔军校学生军冲锋在前，作战特别英勇。经过几个小时的战斗，商团军纷纷缴械，被彻底瓦解。

帝国主义支持的广州商团叛乱终于平息。在从扣缴商团枪械开始到平息叛乱过程中，廖仲恺始终威武不屈，发挥了积极的作用。

二十一、扶助农工倾全力

1924年11月13日，广州天字码头靠泊着“永丰舰”。岸上人头涌涌，人们在低声交谈，凉风不时吹下几片落叶，空气中弥漫着一种依依惜别的离情。孙中山应冯玉祥将军之邀即将赴北京共商国是，广东革命政府党政要员前来送别。

廖仲恺紧紧握住患难与共二十多年的导师孙中山有点冰凉的手，深情地说：“先生放心去吧，多加保重，一路平安！”他们谁也没有想到，这一次握别竟成了他们之间的永诀。

孙中山北上之前两天，又委任廖仲恺为所有党军及各军官学校讲武堂的党代表，并兼任农民部部长。这样，廖仲恺党、政、军、财要职已达十多个。孙中山期望廖仲恺发挥更大的作用推进国民革命。

廖仲恺亲自参与起草的《中国国民党第一次全国代表大会宣言》指出：“国民革命之运动，必恃全国农夫、工人之参加，然后取胜，盖无可疑者。国民党于此，一方面当对于农夫、工人之运动，以其全力辅其开展，辅其经济组织，使其日趋于发达，以其增进国民革命运动之实力，一方面又当对于农夫、工人要求参加国民革命，相以不断之努力，以促国民革命运动之进行。”

廖仲恺还进一步指出：“我国农工占人口十分之九。农工阶级受经济压迫，无路谋生……若要中国强，必须提高农工地位。”“国民革命之主要分子为国民，国民中最多者莫如农民，故国民革命之唯一条件须得到农民大多数了解与集中本党旗帜之下，”“吾人其不欲国民革命成功则已，否则必须先去干农民运动！”

1924年11月17日，孙中山和廖仲恺在广州庆祝苏联十月革命胜利七周年大会上

理论是行动的先导。廖仲恺这种认识是他积极扶助农工的思想基础。他不仅对为什么要扶助农工，做了理论上的阐述，更重要的是他身体力行，以“一大”宣言为行动准则，尤其积极主动与共产党人团结合作，为扶助农工倾尽全力。

廖仲恺主持的中国国民党工人部、农民部，对跨党的共产党人不存偏见，只要是德才兼备，同样重用。他支持共产党人彭湃创办第一届农民运动讲习所，促进全省各地农民协会如雨后春笋般蓬勃兴起。他放手工人部的共产党人冯菊坡、刘尔松等，开办工人运动讲习所，成立各级工会，组织各地工团军等。他还在百忙中抽出时间，到农村调查，到农讲所、工讲所演讲。在廖仲恺的推动下，广东开创了第一次国共合作时期工农运动蓬勃发展的新局面。

1924年，廖仲恺到南海县农村调查时路过西樵山留影

1924年冬天，广宁县农民协会发出了《减租宣言》和《给田主的一封信》，决定将原租额减4成，并声明用农民武装来保卫减租。这一

行动触犯了地主们的利益。广宁县反动地主江淮英等与当地驻军反动军官勾结，组织民团军，强迫农民按原租额交纳田租，还袭击农民协会，围剿农民自卫军，形势十分严峻。

消息传来，立即引起廖仲恺的警觉和关注，他马上指派彭湃为国民党农民部特派员前往广宁调查。彭湃向廖仲恺报告说，地主武装力量强大，请求广东革命政府支持广宁农民的减租斗争。

与此同时，广宁县县长和驻守广宁的粤军第三师司令部却给广东省省长公署、大元帅府呈报一大批电文，对农民运动大肆污蔑。

面对截然不同的两种报告，廖仲恺则旗帜鲜明地支持广宁农民，当机立断迅速调派大元帅府铁甲车队和卫士队前往支援。

岂料大元帅府卫队长卢振柳带兵到广宁后，立场竟然倒向地主方面。他给廖仲恺报告说：地主的炮楼有许多国民党老同志，打不得。并下令停战5天，禁止农民自卫军带枪放哨，寻求所谓“和平解决”。

彭湃为此专程赶回广州，向廖仲恺汇报农运情势和揭露卢振柳贻误战机实质破坏农民运动的行径。

1925年1月19日，廖仲恺亲自起草4道命令，以大元帅名义发出，撤换卫队长卢振柳，以一连连长谢星继为代理队长职务，并由彭湃、谢星继和卫士队党代表廖乾五共同组成军事委员会，一切军事行动由该委员会决定。

4道大元帅令到达广宁，农民欢声雷动，革命武装军威大振。几天之内，革命军攻下地主武装的许多据点，消灭地主民团军1000多人，缴获枪炮1000多件。廖仲恺又下令将反动地主江淮英、江汉英逮捕，交军事委员会审判。其余地主劣绅遂举白旗投降，表示承认农民减租。广宁农民减租斗争的胜利，是广东革命政权第一次派军队帮助农民的伟大创举，极大振奋了广东各地的农民协会和农民自卫军。各地土豪劣绅和一些国民党右派分子气急败坏，他们恶毒地咒骂廖仲恺是“共产”、“疯癫”。

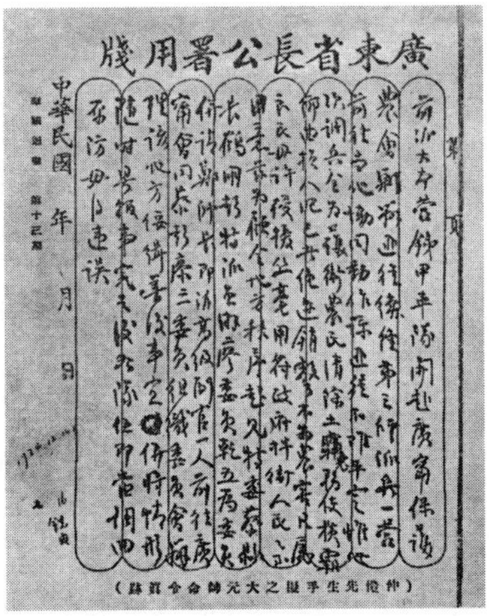

1924年11月，为支援广宁县农民运动。廖仲恺拟稿的大元帅命令手迹

由于得到廖仲恺和广东革命政权的支持，广东农民运动发展成了全国的“排头

兵”。从1923年彭湃创办的海丰县总农会开始，至1925年4月，全省已有22个县先后成立农会组织，并在同年5月1日召开了第一次农民代表大会，成立了广东省农民协会，廖仲恺同时被聘为顾问。

廖仲恺以同样饱满的革命热情支持工人运动。国民党“一大”后不久，廖仲恺主持国民党中央执行委员会第七次会议，作出了“调查工人的经济状况，研究其斗争方法，并在罢工和抵制这类的活动中指导工人运动”的决定。

早在1924年3月，廖仲恺主持召开国民党广东工人党员大会和出席广东兵工厂青年工人学校开学典礼。在这两次以工人为主体的大会上，他都发表充满激情的演说，对工人宣讲反帝反封建的革命道理，号召青年工人认真读书识字，学习知识。他说：“国家的主权在人民，人民必须具有主义，有精神，有远大眼光，国家才能兴盛。”“如被无知识的人来做一个主权者，一定弄到国家陷于崩坏情形，这是亡国兆头。求国家发达，而不解决识字问题，是自相矛盾的。自己没有知识，野心家即可操纵专权，则国家仍然归于少数人手上，国家一定不能兴，反要亡国才了结。”

同年5月1日，廖仲恺主持召开广州工人代表大会，担任该会主席。当天，广东江门油业工人因参加庆祝“五一”游行，遭到油业资本家和江门商团的镇压，造成杀伤数十名工人的严重流血事件。廖仲恺非常愤慨，即以工人代表会主席身份，领衔200名代表发出《支援江门油业工人通电》，强烈谴责油业资本家和江门商团“仇视工人，借端杀伤，围困工会，拷打无辜，此等行为，直同野兽”。并提出赔偿损失，抚恤死毙，限制商团不得干涉工人运动，保护工人成立工团军，严惩江门油业东家及商团等五项严正要求。

廖仲恺积极扶助农工，还表现在从经济实业上关心工人利益。他以政治经济学家敏锐的眼光，透视中国实业的现状落后的原因。他认为：“我国今日，实在不堪产业落后，直可说他无产业可落。在国际上说来，可称为无产阶级。这是完全因为政治上的问题不能解决，所以有这样的状况”。“所以为今日计应合全体国民之力，共谋政治改革，以致能够自由发展我国的实业而后可。”故此，他对工农业的发展给予大力支持。例如，他取消土丝捐税、茧捐税，尽量给农民、工人以经济上的实惠。他还大力支持岭南大学蚕桑开展的蚕种改良工作，每年由省拨出经费15万元，多次到岭南大学的南、番、顺蚕区视察并安排女儿廖梦醒入读岭南大学蚕桑科，以很大的决心发展广东蚕丝业。1924年，广东蚕丝业兴盛发展，开设丝厂达167间，每年出口丝4.8万包。种桑、养蚕、制丝使大批农民、工人受益。

廖仲恺扶助农工，处处为农民、工人的利益着想。当农工的利益受到侵犯时，他旗帜鲜明地站在农民、工人一边，支持帮助农工。1924年冬季，宝安、东莞、花县等地发生了几起当地驻军与土豪劣绅勾结，使农民利益受到损害事件，廖仲恺毫不含糊惩戒驻军和肇事者。1924年12月13日，广州郊区第一区农民协会执行会长林宝寰因反对郊区税局加抽禾税，被民团杀害。而郊区税局局长、民团头子彭础立是廖仲恺远房亲戚（妹夫的妹夫）。农民协会以为难惩凶手了。但廖仲恺很快闻知此事，即致函时任省长胡汉民要求秉公办事，把彭础立和税局副局长苏春荣扣留，令其交出凶手。彭、苏被扣留后，廖仲恺的妹妹廖静仪前来哭诉，要求不可为难自己的亲戚。廖仲恺说：彭必须交出凶手，并答应农会的条件才能获释。结果，彭只得交出凶手并答应农会提出的赔偿条件。其属下两堡联团局也被查封。

廖仲恺为扶助农工秉公办事，不徇私情，为工人部、农民部的同仁树立榜样，让大家心悦诚服。

二十二、赤胆忠心挽狂澜

1925年1月的一天早晨，薄雾笼罩着珠江河面。廖仲恺身穿军装，乘坐快艇从大元帅府码头出发，驶向黄埔军校。他是赶往军校欢送校军参加第一次东征的。

在黄埔军校码头，蒋介石校长、周恩来主任等迎候党代表廖仲恺的到来。握过手后，他们一齐到操练场上检阅即将出征的队伍。廖仲恺对英姿飒爽的年轻军人说："陈炯明贼心不死，在东江一带重整残部，拥兵3万，趁孙总理北上之机，他居然准备进犯广州，妄图颠覆广东革命政权。是可忍孰不可忍！今天，我代表不久前成立的东征军军事委员会命令你们，出征讨伐陈贼！祝你们在蒋校长的带领下，英勇作战，旗开得胜！"

东征军分三路出师，向潮汕进发的右路军由粤军和黄埔学生军组成，进军神速，捷报频传。然而，率领左路军和中路军的杨希闵、刘震寰却心怀鬼胎，为保实力，贻误不少战机，甚至一度给右路军带来本不应有的危机。

此时，61岁的孙中山在北京发病。他长期为革命奔波操劳而患肝癌且进入晚期。廖仲恺得悉后，立即指派妻子何香凝进京，协助宋庆龄服侍孙中山。2月，孙中山病情进一步加重。廖仲恺心急如焚，驰电北京，拟亲自赴京伺候。孙中山立即复电阻止："广东不可一日无仲恺。"并嘱咐廖仲恺代表他赴前线慰劳东征军。可见，在广东革命根据地当时错综复杂的情况下，廖仲恺的地位和作用特别重要。

3月5日，全身戎装的廖仲恺亲赴东江前线督师、慰劳，鼓舞将士英勇杀敌。在廖仲恺的勉励下讨陈右路军迅速占领潮安、汕头，沉重地打击了陈炯明的反革命气焰。

3月12日，领导中国同盟会推翻两千多年封建帝制的中华民族英雄孙中山先生在北京与世长辞。噩耗传来之时，廖仲恺正在棉湖前线督战。他悲痛万分，涕泪满面，臂缠黑纱，沉痛地悼念孙中山。3月22日，廖仲恺与胡汉民等联名发表通电，表示要遵孙总理遗志，继续革命。

棉湖之役旋即大捷，为第一次东征胜利奠定了基础。3月下旬，廖仲恺回到广州，对黄埔军校第三期入伍学生发表演说。他指出："我们要继承总理未竟之志，一定要打败陈炯明这个叛徒，才有革命根据地。"在东征军连续打击下，陈炯明叛军主力被歼。第一次东征的胜利，有效地巩固了广东革命政权。

4月6日，廖仲恺在广州主持召开国民党中央执行委员会第73次会议，通过了他提出的建立党军案。随即以黄埔军校的两个教导团为基础，建立了国民党党军。廖仲恺担任党军的党

1925年中旬。廖仲恺在东征前线臂缠黑纱沉痛悼念孙中山

代表，蒋介石任党军的司令官。党军的建立，使广东革命政权有了坚强的柱石。

有了政权就有了一切。一些政治野心家、反动军阀对孙中山逝世后的广东革命政权虎视眈眈，时刻图谋颠覆它，妄想取而代之。云南军阀唐继尧在云南通电要自任陆海军副元帅，阴谋继承孙中山的职位，坐升大元帅。他暗中积极勾结在广东革命根据地内部的滇系军阀杨希闵、桂系军阀刘震寰，共图谋取广东革命政权。廖仲恺洞悉唐贼奸计，及时主持召开国民党中央执行委员会会议，通过了“反对唐继尧就任副元帅职案”，使其阴谋不能得逞。

但是，在唐继尧的阴谋驱使下，杨希闵、刘震寰等勾结更紧。杨、刘部队3万余人，原按东征军军事委员会命令守防河源、惠州一带，如今却擅自移防广州，控制广州近郊要隘。杨希闵还以广州卫戍司令名义命令远在汕头一带的粤军、国民党军不准回防广州。接着，杨、刘又亲赴香港，与唐继尧的代表密谈。至此，杨、刘企图发动叛乱之心，已昭然若揭。

在这紧急的关头，廖仲恺等国民党左派和共产党人，主张坚决讨伐杨希闵、刘震寰。但代理大元帅的胡汉民由于某种阴暗心态则主张与杨、刘妥协。胡汉民还指派邹鲁前往香港谋求与杨、刘妥协的途径。在这种复杂的情况下，洞若观火的共产党人亦农在中共机关刊物《向导》发表《形势严重下广州政府》一文，一针见血地揭露胡汉民的阴暗心态："……至于胡汉民原来与许崇智意见不合，与其他国民党各首领的意见又未见纯然融洽，不无恐怕军阀纯然肃清以后，许、廖、蒋提出改组大本营，难被推为政府首脑，因而想保留一部分反动军队的力量，保存现有地位的嫌疑。"

廖仲恺和苏联军事顾问加伦将军再次与胡汉民提出讨伐杨、刘的问题时，胡汉民还是坚持与杨、刘妥协的主张。最后，廖仲恺和加伦提出，这一问题必须同仍在汕头的军事部长许崇智、党军司令官蒋介石商量后再作决定。胡汉民只好勉强答应。在赴汕头前，廖仲恺苦思良策，与加伦商定，必须造成党军、粤军、湘军回师广州讨伐杨、刘的既成事实，迫使胡汉民与杨、刘妥协的企图不能得逞。

1925年4月28日，廖仲恺、加伦与许崇智、蒋介石等在汕头举行特别会议。廖仲恺详尽地分析了广东政权局势危险的严重性，动员许崇智、蒋介石答应尽速回师广州。随后，廖仲恺和加伦又一起几次上门，说服了掌握湘军的谭延闿也同意出兵。就这样，讨伐杨、刘的军事行动计划定了下来。5月21日起，党军、粤军、湘军步步进逼广州。

与此同时，共产党人也积极发动工农群众和黄埔军校师生，大造巩固政权的革命舆论，揭露和声讨杨希闵、刘震寰的反革命叛乱阴谋。杨、刘叛军乱了阵脚，匆忙调兵遣将。6月上旬，廖仲恺又以工人部长的名义，派员组织广九、广三、粤汉铁路工人和广州附近轮渡工人、邮电工人同时罢工，从而使杨、刘叛军的军事运输中断、电讯不畅、行动受阻。廖仲恺还通过农民部组织发动农民助战，困扰叛军。6月5日，廖仲恺还说服胡汉民以代理大元帅的名义下令撤销杨、刘各项职务，历数其罪行。同一天，杨希闵等发表通电，叫嚣："今蒋中正（介石）、廖仲恺、谭平山等利用俄人，互相勾结，代为宣传，直视革命为彼辈创办事业，希闵等断不容彼辈传播共产流毒于社会，我军因此喋血疆场，亦所不恤。"公开向广东革命政府宣战。

6月10日，党军、粤军、湘军进抵广州东郊一带，12日凌晨向叛军发起总攻。经过激烈战斗，6月13日终于歼灭杨、刘两支叛军的大部。杨希闵部第三军由惠州回援广州，因沿途受阻，至6月14日才筋疲力尽步行至广州近郊，当即被革命军包围缴械。杨、刘叛军全军覆没。平叛后，廖仲恺与蒋介石代表黄埔军校在《广州民国时报》发布安民告示：“杨希闵、刘震寰二逆，依附本党，阳为服务政府，阴实包藏祸心，迩年来把持政局，鱼肉人民，苛政暴敛，霸占财政，朋比为奸，贼民贼党，早为良知者所痛恨……近乘我大元帅、本党总理孙公国丧未已之时，北结军阀段祺瑞，南连土酋唐继尧，调兵遣将，囤积省垣，想颠覆政府，破坏革命策源地、冀偿其军阀土匪式之督理省长迷梦，其罪恶实不亚于陈炯明……本军现已将全粤反革命之叛徒将次肃清，政府以本党之三民主义与民更始，从此革命义张，民治昭苏，广东将永成为吾国民革命最有光荣之根据地。”

6月15日，大元帅府大本营召开旅长以上干部会议。会议决定大元帅府将改组为国民政府；财政、民政、交通机关，一律交还政府统一管理；滇、湘、粤、豫等所有军队改称国民革命军。

1925年7月1日，国民政府在广州成立。委员有汪精卫、胡汉民、谭延闿、许崇智、林森、廖仲恺、伍朝枢、古应芬、朱培德、孙科、程潜11人。汪精卫为国民政府主席，廖仲恺为财政部长。他们联名发表《中华民国国民政府宣言》，重申反帝、反封建军阀的主张。7月2日，广东省政府成立，廖仲恺兼任省财政厅厅长。7月3日，组织了军事委员会，廖仲恺任常委

1925年7月1日，国民政府成立时11位委员合影。廖仲恺任政府委员兼财政部长

并主管军需局。这样，廖仲恺掌握了党、政、军、财等多方面实权，为统一军政、财政发挥了重要作用。

廖仲恺在推行军政、财政、民政统一的进程中，紧紧抓住财政统一这个主要矛盾，大刀阔斧整顿财政，在从国民政府成立到他遇刺的50天里，发布命令、训令、指令、布告、咨文、公函等100多件。他日理万机而不畏强暴，铁面无私，廉洁奉公。7月18日，他以国民政府财政部长名义发布《命各征收机关统一管理征收令》，规定“所有财政收入，应一切由法定征收机关管理，无论何项文武官吏人等，概不得巧立名目，擅自征收或截留，违者则视作违法令，按照军法严重治罪。”这种强硬措词，引起一些欲以权谋私的官吏不满与仇视。廖仲恺怀着对革命政权的赤胆忠心，全无顾忌。他还多次亲自出面，分别与有不满情绪的许崇智、梁鸿楷、林树巍等军事首领交涉，责成他们交出财税机关。

由于廖仲恺一身正气，公正无私和不懈努力，使国民政府财政状况大为好转。国共两党建立起来的黄埔军，随即饷源激增，在两个月内由4个团发展成9个团，成为广东革命政权实力雄厚的军队。这对广东革命政权的巩固和发展有着重大和深远的意义。

二十三、支持省港大罢工

1925年5月20日，上海外滩人头涌涌。很多青年学生、民众争相阅读刚出炉的上海《民国日报》。他们关注着热点新闻和好文章。

这一天的热点新闻是5天前日本纱厂的日籍职员无辜枪杀工人顾正红，打伤多名工人，引发工人罢工的跟踪报道。而被青年学生街边论坛当即点评为好文章的是一篇题为《革命派与反革命派》的政论。作者是廖仲恺。

一位充满激情的学生在高声地朗诵着："革命实在是我们唯一出路，我们不独要革军阀与帝国主义者的命，我们并且要革'反革命派'的命，这才是彻底的工作……那一派代表较多数人民的利益，便为革命派；那一派反对较多数人民的利益，便为反革命派。我们依着现状，可以说官僚军阀与帝国主义者，是我们全国人民的公敌，那一派人代表民众来打倒这两种力量便是革命派。占我国人口最多是农工阶级，那一派人替农工阶级打销压迫他们的力量，便是革命派。反而言之，凡与军阀帝国主义妥协，并压抑农工的人，便是反革命派。"

"好文章!""廖仲恺敢说话！""说出我们的心声！"

人民群众不断发出喝彩声！

夏天的上海热气腾腾。5月30日，上海学生和民众举行反帝游行，反帝口号响彻申城上空。英租界巡捕开枪镇压，打死十数人，伤数十人，鲜血染红黄埔江边，酿成震惊中外的“五川惨案”。

6月1日，上海爆发总罢工、总罢市、总罢课。随后，中国历史上前所未有的大革命风暴由上海席卷全国。北京、天津、南京、九江、长沙、重庆、郑州、香港等许多城市约1200万群众，不顾帝国主义及其走狗的镇压，先后起来声援上海人民的反帝斗争。其中，省港工人大罢工时间最长，斗争最为激烈。作为中国国民党中央执行委员、工人部部长廖仲恺全力支持和积极参加这场反帝斗争。

“五卅惨案”发生后，中华全国总工会派邓中夏赴香港，联合林伟民、苏兆征等组织指挥罢工。当时，在广州负责做省港大罢工发动和准备工作的共产党员李森，频频与廖仲恺联系。廖仲恺答应拔一定款项以充罢工工人伙食费。他还通知广州市公安局将长堤一带赌馆烟馆、已停业的酒楼、祠堂会所等房屋先行封存好，作为罢工工人宿舍。6月19日，香港海员、电车、印务等工会开始发动罢工。半月后，全港工人一致罢工。13万工人陆续回到广州，食宿得到妥善安排，大大鼓舞了工人们的斗志。6月21日，广州工人开始罢工。从此长达一年零4个月的省港大罢工拉开序幕。

6月23日，廖仲恺主持在广州东较场举行声援上海五卅运动和省港大罢工的大会。会后，十多万工农兵学商群众举行声势浩大的反帝示威游行。当时在岭南大学读书的梦醒、承志也在父亲的支持、鼓励下参加大会和游行。当游行队伍路过沙基西桥时，沙面租界的英帝国主义竟然用机枪扫射，并指使英军舰炮轰游行队伍，致使53人死亡，170多人重伤，数百人轻伤。廖承志幸免于难，但头上的学生帽被子弹射穿。

沙基惨案发生后，廖仲恺当即支持妻子何香凝组织救伤队冒着枪林弹雨亲自到沙基现场抢救伤员。紧接着，他在中国国民党中央政治委员会的会议上提出，立即向英帝国主义作出强硬的抗议，并宣布与英国经济绝交。随后，廖仲恺和蒋介石领衔黄埔军校师生通电抗英。通电指出："且帝国主义非一英国也，今日英国之屠杀，吾国民忍而受之，他日相机而起之帝国主义者，其屠杀手段恐更日新而月异，国亡族灭，吾民无噍类矣！惟反抗之道，知重于行，不识屠杀案之关系于民族存亡，无以坚敌忾之念"，"是故吾人之抗帝国主义，实为

省港罢工委员会指挥部，廖仲恺为顾问，常来此开会

图民族独立之张本。帝国主义不去，吾民族无生望，不平等条约不能废除，帝国主义在华势力永不能打倒。”通电表示：“生为帝国主义之死敌，死为抗帝国主义而死！”面对血淋淋的遇难同胞遗体，廖仲恺十分悲愤，挥笔写下这样的挽联：“帝国主义残暴之证据，次殖民地惨状之写真。”

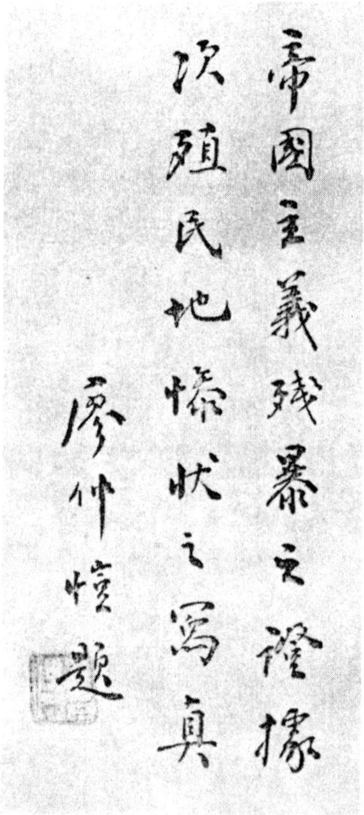

1925年6月23日，“沙基惨案”发生后，廖仲恺为死难同胞写下的挽联

沙基惨案的发生，更激发省港罢工工人与帝国主义斗争到底的决心。6月26日，广州罢工工人代表大会召开。6月30日，省港罢工委员会成立，成为指挥罢工的最高领导机关。廖仲恺被聘为顾问。在廖仲恺的支持下，省府拨越秀南“东园”为罢工委员会办公地址，国民政府每月拨1万元作为办公经

费。7月2日，廖仲恺被广东各界对外协会推为主席。此后，多次主持该协会会议，作出“经济封锁香港”等决定。为此，罢工委员会组织工人纠察队，封锁广州沙面英租界和通香港的水陆交通要道，截堵物流，严查走私，使租界陷入一片混乱，很快香港变成“饿港”、“臭港”、“死港”，给了英帝国主义者以严重打击，因而英帝国主义者视廖仲恺为眼中钉，肉中刺，刻骨仇恨。

廖仲恺经常参加省港罢工委员会会议，与苏兆征、邓中夏等共产党人团结合作，出谋划策，解决一些内部矛盾，和组织生产自救，使罢工能坚持下去。

十几万罢工工人，毫无收入，日常吃饭穿着维持最基本的生活是最大的问题。廖仲恺对罢工工人的疾苦非常关心。他提议罢工工人去修筑公路，协助何香凝创办女工草鞋厂、缝补社、贫民医院等。尤其重要的是廖仲恺以理财高手的“看家本领”，为解决罢工工人吃饭问题做了两件大好事。一是协调各方关系，提前征集广州市3个月的租捐税收；二是以广东各界对外协会及国民党工人部、海外部的名义，向海外华侨募捐。一批又一批的捐款源源不断。省港大罢工之所以能坚持一年4个月，廖仲恺功不可没。

7月15日，廖仲恺在罢工委员会代表大会上演说，鼓动“全体工友一致奋斗”。指出：“诸君此次罢工，是为国家为民族，不顾一切而奋斗。比兵士去打仗，尤为难能可贵。当此国家危急存亡之秋，若果一旦死了，比之兵士冲锋陷阵，尚觉得更有精神，有毅力，令人钦佩！所以诸君此次奋斗，比倒清、倒袁、倒段、倒曹、倒吴什么都大。”

8月14日，廖仲恺在省港罢工委员会招待各界的会上发表演说指出：“我们现在要谋取消不平等条约与打倒帝国主义，只有和平打仗的一个方法——罢工。罢工的力量，比什么枪炮战舰的力量都大。我们现在正用这和平打仗的方法，与帝国主义者战斗。”

廖仲恺不愧为伟大的爱国主义者，杰出的民主革命家、政治家。1924年以后，无论在他的文章还是演说中，都可以看出他对帝国主义本质认识的深刻性。他认识到，帝国主义侵略是中国贫穷落后的根源，明确指出：“吾人其不欲解决吾人之痛苦及谋国家人民之丰富则已，否则必须与帝国主义者战！”“我们想得到饭食，得到安乐，一定要打倒列强帝国主义的侵略！”他认识到，省港大罢工不仅是一场经济斗争，而首先是一场政治斗争，是一场维护中华民族利益、反对帝国主义斗争。所以，他英勇无畏地站在反帝斗争前列，鼎力支持省港大罢工。正是由于廖仲恺在前期的鼎力支持，省港大罢工最终获得胜利。

二十四、为国牺牲天地恸

自从孙中山逝世后，廖仲恺坚定不移地推行联俄、联共、扶助农工三大政策，在反帝反军阀、推动国民革命的斗争中，成为国民党左派领袖。因而招致帝国主义者和国民党右派分子极端仇恨，他们相互勾结，狼狈为奸，密谋用卑鄙的暗杀手段对付廖仲恺。

后来的史料证实，香港的英帝国主义者直接布置了对廖仲恺等国民党左派的暗杀活动。他们找到曾任香山县县长、后被廖仲恺撤职的右派分子朱卓文，答应以50万元巨款，作为暗杀廖仲恺等国民党左派和苏联顾问、破坏省港大罢工的酬劳。朱卓文到广州后，与右派分子胡毅生一伙紧密勾搭，极力攻击廖仲恺“老当益壮，年将五十，兼职十余”，以“个人包办”政务和党务。1925年7月上旬，朱、胡和林直勉等连日在广州东山胡汉民寓所的客厅里密谋，诬蔑廖仲恺“被人利用，祸害国民党”，阴谋杀害他。同时，还把当时以“左派”面目出现的汪精卫、蒋介石也列为暗杀对象。

同年7月下旬的一天，发生了暗杀蒋介石（未遂）的“东坡楼事件”后，他们还故意将杀害廖仲恺的计划张扬出去，企图吓倒廖仲恺。8月上旬的一天晚上，在珠江畔的海珠酒店里，胡毅生和朱卓文进一步密谋暗杀廖仲恺的计划。

到了8月中旬，杀廖的风声越传越紧。廖夫人何香凝也听到了，难免为丈夫的安危忧虑，便和廖仲恺商量说："既然有人阴谋行刺，你也该多加两个卫兵防备一下才是。"

廖仲恺听了很不以为然地说："增加卫兵，只能捉拿刺客，并不能阻挡他们行凶。我是天天到工会、农会、学生会等团体开会或演说的，而且一天到晚要跑几个地方，他们想要谋害我很可能装扮着工人、农民或学生模样，混入群众中下手的。我生平为人做事凭良心，自问没有对不起党、对不起国家、对不起民众的地方。中国如果不联俄、联共，就没有出路。他们如果处心积虑想来暗杀，防备也是没有用处的。总之，生死由它去，革命我是不松懈一步的。"

面对暗杀阴谋的威胁，廖仲恺岿然不动，照常到处奔走。

8月18日，在国民党政府会议上，坐在仲恺身旁的汪精卫给他写了一张条子，告诉他有人将对他不利。当时廖仲恺耸耸肩，笑着答道："为党为国牺牲，是革命者的夙愿。我们都是预备随时死的，那有什么关系？"

8月19日，廖仲恺先到省财政厅上班，伏案处理公务，一连审视签发了6个政令。然后，又为黄埔军校筹款一事而奔忙。回到广州东山百子路"双清楼"家里已经很晚了。1925年8月20日，廖仲恺早早起床，他约了时任广东省政府总参议、建国潮梅军军长罗翼群来“双清楼”商谈军饷问题。把公事谈完送走罗军长后，已是八点多钟了，廖仲恺还没有吃早餐。何香凝便催促他说：“快点吧，开会的时间到了。”因为预先接到通知说是九点开党中央的常务会议。廖仲恺于是匆匆忙忙地只吃了几口白稀饭，就和何香凝一起出门。刚到门口，恰遇国民党监察委员、廖仲恺的好友陈秋霖来访。廖仲恺便招呼他一同上车前往中央党部，车上跟随着一名卫兵。

当时，国民党中央党部设在广州越秀南路的惠州会馆。上午9时40分左右，黑色轿车载着廖仲恺一行来到这里。下车后，时任国民党中央妇女部部长的何香凝被妇女部一位女同志叫住，商讨公务。而廖仲恺和陈秋霖则健步登上通往大门的石阶。万万没有想到，谋杀就在眼前。亲临其境的何香凝后来回忆说：“……正在这（和妇女部同志）说话的时候，我就听到‘拍拍、拍拍、拍拍拍’地好像爆竹声音，我心里还以为是谁在放爆竹呢。可是一转脸过来，看见仲恺已倒在地上。秋霖同志痛楚地挨着走了两步，也倒下去了。在我身边的卫兵也受伤躺着了。四人同行，三个男的都中枪了。我才意识到有人行刺。一面大喊捉人，一面俯身抚着仲恺，当时仲恺已不能回答。当我刚刚低下头去抚仲恺的时候，又是一阵枪声。头上‘嗖、嗖’地有枪弹飞过，我头皮还感觉到了热气。那时我若不是弯身去抚仲恺，一定也是完了。在我大喊‘快些捉人呀’的时候，就有五六个凶手从中央党部门前‘骑楼’底下的石柱后面窜出来。原来凶手是预先躲在中央党部门前的。平时中央党部总有警察站岗，但那时候却迟迟不见有警察来捉人。”

廖仲恺身中四弹，皆中要害。在送往医院途中已不治，没有留下一句遗言，不幸牺牲，年仅48岁。

廖仲恺被刺，国内外大为震惊。在距孙中山辞世仅5个月时间里，国民政府又顿失柱石，人们立时陷入一阵恐慌和忙乱之中。在案发当天召集的国民党中央执行委员会、国民政府委员会、军事委员会的紧急联席会议上，汪精卫、蒋介石、许崇智三人被授权组成特别委员会，授以政治、军事、警察全权，负责处理廖案，以及应对时局。胡汉民因其堂弟胡毅生直接与“廖案”有牵连，而被排斥在特委会之外。

特委会成立后，蒋介石迅即以广州卫戍司令名义宣布全城戒严，命令何应钦率领国民革命军分布市区警戒，并派兵驻防市区制高点观音山阵地，从而控制了整个广州市。

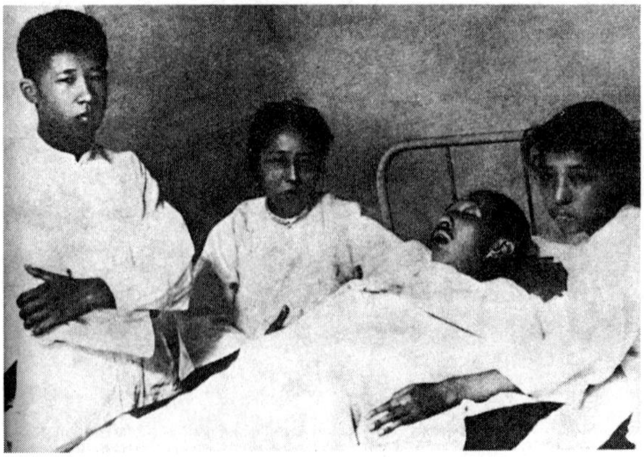

何香凝和儿女廖承志、廖梦醒悲痛地守在廖仲恺遗体旁

接着，国民政府公布廖仲恺遇刺殉国情况，“特颁治丧费1万元，准予国葬”。并令全体文武官员及士兵一律臂缠黑纱7天，下半旗3天，为廖仲恺致哀。

中国共产党中央委员会向中国国民党发唁电哀悼廖仲恺遇难，高度评价廖仲恺爱国、革命的一生。唁电说：“廖仲恺先生几十年来为国民革命尽力，是中国革命中的健将，如今竟成了帝国主义阴谋的牺牲品，这不但是贵党的重大损失，而且也是全国被压迫民众的损失。”曾与廖仲恺亲密相处、合作共事的共产党人周恩来、刘少奇、苏兆征、邓中夏也纷纷撰写文章悼念廖仲恺，颂扬廖仲恺“一生苦斗，革命为党，牺牲为国”

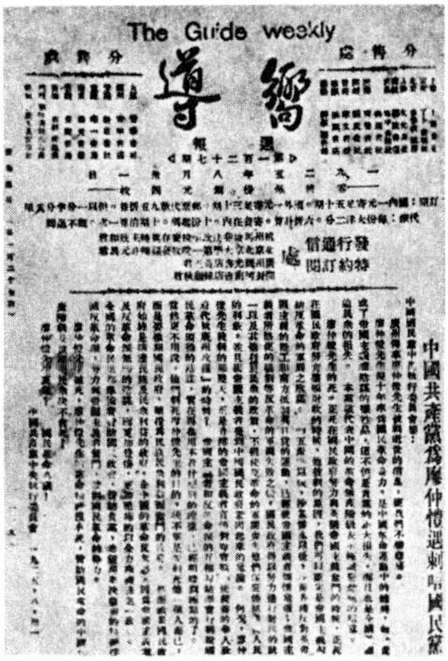
The Guide weekly

嚮導

週報

第一百二十七期

一九二五年八月一日

中國共產黨為廖仲愷遇刺唁國民黨

中共中央为廖仲恺遇刺唁电国民党

的爱国精神。何香凝对丈夫的遇难更是非常沉痛，满腔悲愤，但反革命的枪声并没有吓倒她，反而更加激励她的斗志。她以大勇无畏的气概宣告：“苟利于国，则吾举家以殉，亦所不惜！”她还挥泪写下挽联：

致命本预期，只国难党纷，赞理正需人，一瞑能无遗痛憾？
先灵就勉慰，使完功继事，同魂齐奋力，举家何惜供牺牲！

廖仲恺牺牲的消息传开，黄埔军校师生、革命部队将士、省港大罢工工人，广州各界、广东各地农民皆非常激愤，声讨主谋者。汪精卫、蒋介石深知廖仲恺德高望重，所以也显得特别悲痛。汪在悼念廖仲恺的文章中，口号尤为悲壮；“为廖党代表报仇”则成了蒋当时的口头禅。

8月25日，国民政府为廖仲恺举行了隆重的国葬仪式。中共中央送的挽联是这样写的：“世界革命丧失了一位领袖，先生精神将领导世界革命。”在所有的祭文中，国民党第一师师长何应钦、党代表周恩来的祭文最为引人注目：“……先生革命，凡二十年。躬为实践，不尚空谈。尤任劳怨，不避艰险。扶持正义，反抗强权。万流共仰，如日中天。国民革命，全民集中。以谋解放，以进大同。农工阶级，革命先锋。帝国主义，蠹国正凶。唯公知此，团结工农。英法美日，一切不容。不图为此，竟殒厥躬。反革命派，阴狠险毒。噩耗惊闻，先声恸哭。恸哭我公，未尽夙志。恸哭三军，如子失怙。恸哭国家，长城毁弃。恸哭吾党，何多背戾。呜呼哀哉！先生之死，虽死犹生。丰功伟绩，与世长存……”

关于廖仲恺墓地问题，宋子文提议葬于孙中山陵侧。何香凝考虑到中山陵未竣工，以及广东革命政府正准备北伐军事行动，在与朱执信夫人商定后，廖仲恺遗体暂时运往广州沙河顶驷马岗，附葬执信墓旁，待北伐成功，再迁葬南京紫金山的中山陵旁。

9月1日廖仲恺出殡这一天，党政军官员、黄埔军校师生、省港罢工工人、广州各界群众和省内农民代表，纷纷前来参加送葬。苏联、印度、法国、土耳其、保加利亚等国也派代表参加，共计20多万人。行列之浩大，阶层之广泛，情绪之悲壮，为广东史上罕见。

1925年9月1日，廖仲恺出殡。送葬队伍20多万人，史上罕见

从国民党中央党部越秀南路到沙河顶墓地，到处都是人山人海，何香凝和儿女乘坐的黑色轿车在路上开开停停，缓缓行进，大家的眼睛都哭红了。在送葬队伍的前列，由两名身材魁梧的男子，扛着写有“精神不死”四个大字的白布横幅。葬礼结束后，何香凝把这个横幅要回来，挂在“双清楼”的家门口，既表示对帝国主义者和国民党右派杀害廖仲恺的抗议，又表示自己要继承丈夫革命遗志的决心。她还把廖仲恺遇害时的血衣和怀表收藏起来，以铭记仇恨，寄托哀思和教育下一代。可惜廖仲恺血衣在抗日战争中散失，至今下落不明。

“廖案”发生后，汪精卫以国民政府主席的名义发函成立以朱培德为委员长，李福林、吴铁城、周恩来、陈公博等9人为委员的“廖案检查委员会”。据对暗杀现场捕捉到其中一名受伤凶手的供录，以及缴获的手枪、持枪证和收受黑钱的单据表明，暗杀廖仲恺是香港英帝国主义者勾结国民党右派集团干的。于是，特委会下令拘捕重大嫌疑人胡毅生、林直勉、朱卓文等人。胡、朱畏罪潜逃。林直勉被捕，关押虎门要塞两年，后以证据不足释放。口口声声要“为廖党代表报仇”的特委会成员蒋介石，在公开背叛革命之后，并在其统治中国的二十余年间，从未认真彻查“廖案”的幕后主谋凶手，致使“廖案”至今仍是历史悬案。

二十五、仲恺精神放光芒

“有的人死了，他还活着”。廖仲恺虽死犹生，他仍活在中国人民心中，他的精神流芳百世，永放光芒。

作为介绍廖仲恺爱国、革命的传略性小册子，本该搁笔了，但我们不避“画蛇添足”、“狗尾续貂”之嫌，还是多写这一节，旨在弘扬仲恺精神。

廖仲恺既是国民党左派的光辉旗帜，又是中国共产党的挚友，是国共两党共同认可的伟大人物。国共两党在不同的历史时期，都为了弘扬仲恺精神，做了不少有益的工作。

1925年10月5日，中国国民党中央执行委员会第117次会议，通过了何香凝、詹似菊等8人“建筑忡恺纪念公园，其内附设农工学校”的提案。会议还决定成立仲恺纪念公园筹备委员会（不久后改称仲恺先生纪念筹备委员会），成员除8位提案人外，还增加党政军要人汪精卫、蒋介石、谭延闿、朱培德、伍朝枢、宋子文、邓泽如、古应芬等9人。10月11日，筹委会在国民党中央党部召开第一次会议。随后开展勘查征地筹建仲恺纪念公园的工作，并同时筹备廖仲恺先生纪念碑。1925年11月6日，国民政府在廖仲恺故乡惠阳县鸭仔埗乡窑前村和惠州中山公园建成两个廖仲恺先生纪念碑。数千字碑文以汪精卫（汪兆铭）撰写的《廖仲恺先生传略》为基础，镌刻于端石上，“且以永其哀思，先生之精神将与岩石同其不朽焉！”而在广州的第一个廖仲恺先生纪念碑，是共产党人发动组织的中国第三次全国劳动大会于1926年5月期间建成的，矗立在廖仲恺遇难处，碑铭文字颂扬廖仲恺是“实行扶助农工政策最力者”。

位于南京中山陵侧的廖仲恺何香凝之墓

在广州筹备仲恺纪念公园一事，因征地受阻，加上国库空虚，并开始第二次东征和筹备北伐，故迟迟未有结果。眼看仲恺纪念公园落空，何香凝心里焦急，多次奔走于国民政府与广东省政府之间，据理力争，如仲恺纪念公园办不成，也要办成仲恺农工学校。

由于何香凝的积极争取，1926年春，国民政府指拨广州市河南石涌一带共250亩土地及补助2万元经费，交由何香凝创办仲恺农工学校。何香凝卖画筹款及依靠黄埔军校师生、省港罢工工人、海外华侨和社会各界的大力支持，把仲恺农工学校建成，于1927年3月开学。何香凝任这所学校校长达15年，历尽艰辛，艰苦办学，为培养人才、扶助农工、弘扬仲恺精神做出重要的贡献。

仲恺精神激励着黄埔军校后人，很多受过廖仲恺教诲的学员，或共事过的教官，在抗日战争中，喋血沙场，以身殉国。仲恺精神同样激励着仲恺农工学校师生，在抗日战争中五次搬校，坚持扶助农工和抗日，不少学农的学生也走上抗日第一线。仲恺精神更激励着满门忠烈的何香凝、廖梦醒、廖承志一家两代。新中国成立后，何香凝、廖承志、廖晖一家三代都先后成为国家领导人，为祖国统一大业振兴中华而奋斗。

中国共产党和中央人民政府很重视纪念廖仲恺先生，弘扬仲恺精神。1955年8月20日，在北京隆重举行纪念廖仲恺逝世30周年大会，党和国家领导人周恩来、宋庆龄、董必武等出席大会。大会联系当时国情，颂扬廖仲恺光辉业绩及其伟大精神。1982年，中共中央批准在广州建立廖仲恺何香凝纪念馆。老一辈无产阶级革命家叶剑英、邓小平、胡耀邦、王震、杨尚昆等为弘扬仲恺精神做表率，分别为纪念廖仲恺的馆、像、碑题名或指示。

广东是廖仲恺的故乡，广东人民对廖仲恺尤为敬仰。为纪念廖仲恺先生，弘扬仲恺精神，从中共广东省委、省政府到惠州市、惠阳区、惠城区的党政领导机关，都做了卓有成效的工作。其中，1984年，省政府向上申报，仲恺农校升格为本科院校，更名为仲恺农业技术学院，校园面积扩大数倍，2011年在校生达1.6万人。1986年省政府批准建立惠州市仲恺中学。该校如今已经办成了省一级学校，在校生现今已达4600多人。这两所学校成为广东省、惠州市纪念廖仲恺、弘扬仲恺精神的“龙头”单位。此外，还有以“仲恺”光辉名字命名的惠州“仲恺高新技术产业开发区”、“仲恺区”、“仲恺大道”和广州的“仲恺路”等。1987年，省长叶选平亲自组织广东各界纪念廖仲恺诞辰110周年大会，并以广东各界名义敬立廖仲恺先生铜像。仲恺英名将世代相传，万古长青！

什么是仲恺精神？长期以来，研究廖仲恺的专家学者各抒己见，众说纷纭，至今没有统一定论。2005年8月，在惠州市召开的纪念廖仲恺先生逝世80周年，弘扬仲恺精神学术研讨会上，围绕什么是仲恺精神，讨论热烈。本书作者也到会参加讨论。研究廖仲恺的专家、廖仲恺何香凝纪念馆首任馆长蒙光励副研究员在题为《略论仲恺精神》发言说：“仲恺精神的内涵是十分丰富，集中体现以下三个方面。首先，廖仲恺具有积极探索、与时俱进的奋斗精神；其次，是廉洁自律、执政为民的奉献精神；再次，是鞠躬尽瘁、勇于牺牲的革命精神。”

广州农讲所纪念馆原馆长陈登贵研究员在题为《论廖仲恺的革命精神》发言说：廖仲恺具有“一、忠于党的革命事业、努力工作的精神；二、全心全意为民众谋利益的精神；三、爱憎分明，秉公办事的精神；四，无私无畏，勇于献身的精神”。

惠州学院政法系主任成晓军教授在发言中强调，仲恺精神，主要是廖仲恺“为工人农民谋利益的献身精神。重视民众，相信民众，依靠民众，为民众谋利益，谋幸福，是中国共产党执政，怎样才能执好政过程中一个永恒的话题……缅怀廖仲恺为工人农民谋利益的献身精神，自然具有重要的现实意义”。

惠州市党史研究室刘嘉峰在题为《论廖仲恺强国爱民精神的内涵》发言说：“今天，我们要全面建设小康社会，实现中华民族伟大复兴，需要大力弘扬强国爱民精神，特别是爱国主义精神。而廖仲恺强国爱民精神具有丰富的内涵：一是天下为公，革命为家；二是开放救国，思想救民；三是忠于革命，坚定使命；四是团结多数，协同作战；五是业务精通，能力超群；六是勤于思考，勇于探索。”

惠州市廖仲恺何香凝研究会副会长，时任仲恺中学校长方文良在研讨会上对什么是仲恺精神提出独特的见解。他把仲恺精神概括为“无私忘我”四个字。他说：“廖仲恺实践孙中山‘天下为公’的思想，超越党派利益，坚持联俄、联共、扶助农工，把生死置之度外，完全达到‘无私忘我’的高尚境界。无私才能无畏，忘我才能奉献。所以，廖仲恺明知有人要暗算他，也不防备，更不退却，而是视死如归，勇往直前，最后献出最宝贵的生命。”

廖仲恺何香凝纪念馆创始馆员、广东省传记作家余德富在题为《弘扬仲恺精神之我见》发言中说：“廖仲恺说过：‘人生最重是精神，精神日新德日新’。他以自己的言行缔造了一种高尚而伟大的精神，一种催人奋发向上的可贵精神，一种值得中国人民永远发扬光大的精神……唯物主义者常把精神当作和意识同一意义的概念来使用，认为它是物质的最高产物。意识不是固定不变的，人们在不同的历史时期，其意识思维会随着社会的变革进步而不断变化。因此，对仲恺精神无需统一定论。只要把廖仲恺的言行如实地告诉人们，人们就能通过自己的思维构筑出‘最高产物’，即仲恺精神。”

廖仲恺死了，他还活着！仲恺精神永放光芒……

2012年7月定稿

参考文献

1. 尚明轩、余炎光主编，《双清文集》上下卷，人民出版社1985年6月第1版。
2. 暨南大学历史系等编，《纪念廖仲恺何香凝》，文物出版社1987年4月第1版。
3. 广州市文化传播事务所主编，《20世纪中国全纪录》，北岳文艺出版社1994年9月第1版。
4. 蒙光励著，《廖家两代人》（修订版），暨南大学出版社2007年2月第1版。
5 余德富著，《双清传略》，广东人民出版社1998年5月第1版。
6. 罗川山主编，《廖仲恺研究——廖仲恺先生逝世八十周年纪念活动文集》，广东人民出版社2007年12月第1版。
7. 陈锡祺著，《孙中山与辛亥革命论集》，中山大学出版社1984年10月第1版。
8. 李湄著，《梦醒——回忆我的母亲廖梦醒》，中国工人出版社2004年2月第1版。
9. 尚明轩、李志奇著，《历史大相册——何香凝》，中共党史出版社2007年7月第1版。
10. 布赖恩著，克罗译，《蒋介石传》，上海文艺出版社2000年10月第1版。

附录一

廖仲恺诗词选编

廖仲恺不但是伟大的民主革命家，而且是诗词高手。在其几十年颇具传奇色彩的革命生涯中，他奋笔疾书，除了无数政论、散文、讲稿和译作外，还创作了不少诗词。

廖仲恺的诗词，志趣高古，格调高洁，正气浩然，激情高昂，洋溢着“天下为公”的磅礴大气。纵观其诗词所涉时空人事，总与其革命生涯息息相关，交相辉映。其诗以言志、言情、言理，无论赋、比、兴手法，抑或直抒胸臆，均感人肺腑又催人奋进。尤其是他的狱中诗词，更透射出“是七尺男儿生能舍己，作千秋雄鬼死不还家”的铮铮铁骨和视死如归的革命精神，表现出贫贱不移、富贵不淫、威武不屈的高尚革命情操。

今谨从《双清文集》上卷摘录他三十多首诗词，以飨读者。

吉林岁暮杂感

（一九一〇年）

卅载蹉跎误，天涯惜此时。
气寒冰上鬓，腊尽鼓催诗。
历历过来事，悠悠乡国思。
穷边春不到，慢说物华移。
兀坐了无趣，萧齐守岁阑。
孤枕鸳梦冷，云远雁行单。
松柏励初志，风霜改素颜。
遥知南岭表，先见早春还。

菩萨蛮　吉林除夕

（一九一一年一月二十九日）

春归腊照惊孤凤，年来年去愁迎送。边冷雪如尘，随风狂扑人。拥衾寻梦醒，梦也无寻处，便许到家乡，楼头少靓装。

七律一首

（一九一九至一九二〇年）

飞燕何消怨伯劳，西窗愁绪付交刀。
微风多事吹昏水，孤鹤无心恋汉皋。

古井闲笼金索冷，银笙低按玉楼高。
庄生谩诩能齐物，苦自莲心自甘葡。

1922年6月16日，军阀陈炯明在广州炮轰总统府，公开叛变孙中山。事变前两天，陈炯明诱捕廖仲恺，囚于广州北郊石井兵工厂，至8月18日始释放。廖仲恺在被囚期间，写下了若干首诗词。以下注明“一九二二年六月”者均为在狱中所作。

幽禁中感赋

（一九二二年六月）

吾生遭不造，芒鞋肆所之；廿载茹酸辛，努力思匡时。
魔障满人寰，霈泽安从施！内忧起萧墙，世变招危疑，
险阻已备历，缧绁曾何奇！落日恋西山，倦鸟哀南枝，
对此物外景，怅触心中悲。愁来睡不得，推枕还长欷，
俯首忆弟兄，瞌眼见妻儿；欲语无友朋，欲哭先踌躇！
嗟予洁白躯，出污而不淄！浊世莫予谅，予曷求世知！
圣哲亦云逝，劳生胡足希？愿言谢时彦，去矣毋相违！

壬戌六月禁锢中闻变有感

（一九二二年六月）

（一）

珠江日夕起风雷，已倒狂澜孰挽回？
征羽不调弦亦怨，死生能一我何哀！
鼠肝虫臂唯天命，马勃牛溲称异才；
物论未应衡大小，栋梁终为蠹蟓摧！

（二）

妖雾弥漫溷太清，将军一去树飘零[①]。
隐忧已肇初开府[②]，内热如焚夕饮冰。
犀首从讐师不武，要离埋骨草空青[③]。
老成凋谢余灰烬[④]，愁说天南有陨星。

（三）

咏到潜龙字字凄，那堪重赋井中泥；
当年祈福将刍狗，今日伤心树蒺藜。
空有楚囚尊上座，更无清梦度深闺；
华庭鹤唳成追忆，隔岸云山望欲迷。

（四）

朝朝面壁学维摩，参到禅机返泰初；
腐臭神奇随幻觉，是非恩怨逐情多。
心尘已净何须麈，世鉴无明枉事磨！
莫向空中觅常相，浮云苍狗一时过。

①诗中的“将军”，指邓铿（仲元）。

②1922年初，孙中山在广州建立正式政府，选举总统时即遭到陈炯明的反对，他声言：“我不愿任何人骑在我的头上。”

③诗中的“要离”，指朱执信。

④指在陈炯明变乱期间病死而火葬的广东省省长伍廷芳。

留诀内子二首

（一九二二年六月）

（一）

后事凭君独任劳，莫教辜负女中豪；

我身虽去灵明在，胜似屠门握杀刀。

（二）

生无足羡死奚悲，宇宙循环活杀机；

四十五年尘劫苦，好从解脱悟前非。

诀醒女、承儿

（一九二二年六月）

女勿悲，儿勿啼，阿爹去矣不言归。

欲要阿爹喜，阿女阿儿惜身体。

欲要阿爹乐，阿女阿儿勤苦学。

阿爹苦乐与前同，只欠从前一躯壳。

躯壳本是臭皮囊，百岁会当委沟壑。

人生最重是精神，精神日新德日新。
尚有一言须记取，留汝哀思事母亲。

刘君一苇托人将折扇来乞题诗

（一九二二年六月）

刘君一苇不见垂十年，闻予被禁锢，
托人将折扇来乞题诗，为口占三绝应之 。

（一）

半壁东南共挽推，十年前事首重回，
莫嗟岁月蹉跎老，曾阅人间几劫灰。

（二）

元龙豪气可曾销？时雨春风久寂寥。
芳草自饶人自隐，未应犹复弄吴箫！

（三）

年未称翁头半白，额上眉端聚国忧。
我作楚囚君遁世，天心人事两悠悠。

有　感

（一九二二年）

难行果否在难知，凿遂为椽孰是非；
扣马夷齐思止暴，亡羊臧谷共伤时。
窃钩盗国将谁咎？扃鐍缄縢只自欺！
我欲乘风归不得，江南空赋庾公辞。

如此江山　题白云远眺图

（一九二二年六月）

尺方矾纸丹青染，居然岭东形势。万壑龙绵，千寻练锁，谁遣江山如此？苍茫眼底，有多少荣枯，沧桑人事？野绿畦黄，依稀犹是太平世。滔滔浊流注海，浪花淘不尽，今古王气。日暝云寒，风翻叶乱，那更萧萧秋意！孙郎[1]去矣！只目断鱼珠，几重烟水，天堑长存，恨阴霾未霁。

①孙郎：指孙中山。

金缕曲　题八大山人松壑图

（一九二二年六月）

未合丹青老，剧怜他，铜驼饮泣，画才徒抱。丘壑移来抒胸臆，错节盘根写照。想握笔，愁肠萦绕。国破家亡余墨泪，洒淋漓，欲夺天公巧。缣尺幅，碧纱罩。繁华歇尽何须吊！且由他，嫣红姹紫，一春收了。地老天荒浑不管，空谷苍松独啸，经几度，风狂霜峭。如此江山归寂寞，漫题名，似哭还同笑。诗四句，古今悼。山人自题，有“盐醋食何堪，何堪人不食；是义往复之，粗飧迈同列”句。

迈陂塘　题北郭秧针图

（一九二二年六月）

傍城根，倩痕纤影，亭亭初擢清渌。锋芒如许禁磨折，风雨晦明相属。青簇簇，便燕蹴莺翻，也衬松篁绿。春浓野沃，想宝汉茶寮，北园酒肆，有客泛醽绿。田间路，到处疏篱断续。依山邻结茅屋。斜阳芳草无聊赖，静悄觑人耕读。堪避俗，祇燕子，殷勤归伴檐前宿。生涯自足，趁茗灶烟销，瓮窗日暖，一枕昼眠熟。

渔家傲 题画

（一九二二年六月）

狎得风波浑自苦，朝朝打桨乘潮去。媚水蒹葭还故故，烟和雨，苍茫那是相思处！散乱飞鸦凄告语，宵来霜露凋秋树。者里乾坤谁作主？君莫诉，芦中有士侪鸥鹭。

卖花声 题画

（一九二二年六月）

烟雨罨溟濛，万绿丛中，亭亭遥认木棉红。怕是离人迷望眼，特地撑空。鸳瓦冷欺侬，叠嶂云封，车尘鞭影盼无踪。春梦家家谁唤醒？萧寺疏钟。

一剪梅 题五层楼图

（一九二二年六月）

叠阁层栏倚晚风，山上烟笼，江上霞红。兴亡阅遍古今同，文只雕虫，技祇屠龙！莫问当年旧主公，昔日名隆，今日楼空。跳梁小鼠穴其中，昼静潜踪，夜静穿墉。

又诗词若干首，为予幽禁中穷尽极无聊之作，借此排遣胸中傀儡，工拙不计也。

蝶恋花

（一九二二年八月）

余自广州脱险后，汪精卫夫人暨芗侬九妹、香凝内子送余趋海上。居旬日，复南归。徐君又铮招饮于其家，为唱昆曲，中有阳关一节，时刚七夕，枨触予怀，率成此解。

冷雨敲窗风扫叶，未算凄凉，莫便凄凉说。待到风消和雨歇，菰蒲犹复争秋热。天上双星今夜合，不道人间，我又伤离别。听唱阳关频击节，暗中却自拚愁绝。

罗敷媚　有赠

（一九二二年八月）

燕钗蝉鬢重围绕，便值销魂，不敢销魂，留取心情付与君。残红褪尽春犹炽，一度生嗔，一度相亲，一样欢怀未许分。

相见欢　秋柳

（一九二二年八月）

无言瘦损眉痕，怨黄昏。博得寒蝉偎抱死生亲。莫系马，白门下，送行人，已自不禁憔悴况销魂。

贺新郎　题大兄忏盦主人粤讴解心稿本

（一九二三年）

讽世依盲瞽，一声声，街谈巷话，浑然成趣。香草美人知何托，歌哭凭君听取。闻复瓿，文章几许？瓦缶繁弦齐竞响，绕梁间，三日犹难去。聆粤调，胜金缕。曲终奚必周郎顾，且传来，蛮音鴃舌，痴儿騃女。廿四桥箫吹明月，那抵低吟清赋，怕莫解，天涯凄苦。手抱琵琶遮半面，触伤心，岂独商人妇？珠海夜，漫如故！

声声慢　题池上秀亩作月雁秋林图

（一九二三年）

潇湘不到，枫荻萧飕，天涯谁共清悄？旧约重寻，几点低徊云表。西风别情易冷，恁团圞，夜阑犹照。平远处，认林疏濑浅，烟苍波淼。镇日横空绝叫，且莫讯，前踪雪泥多少。去为春残，来更月寒秋老。相思寄将何所，早分付，水乡芦蓼。关塞恨、一行行书也难了！

瑞鹤仙　题汪精卫先生太夫人课字图

一园纷紫翠，正衣绿停拈。闲庭课字，弱龄问才几？便戏鸿妙笔。食牛英气，淋漓满纸，早博得慈颜春霁。宇宙间，惟爱长存，万物都随流水。徒尔文章一代，勋业千秋。春晖难系，昼图寂时，抵多少？陟屺兴思，只粉墙一角。凌霄花发，卜得君家人事。抚兰孙，玉立成行，恍问寫哕。

昼堂春　题汪精卫先生太夫人课字图

红花绿树粲堂西，故园风景依稀。学书曾记作鸿飞，解得慈颐。好雨已迟萱草，人问何处春晖。昼阁空省旧庭帏，梦也凄其。

附录二

廖仲恺大事年表

1877年（清光绪三年　丁丑）一岁

4月23日（三月初十日），出生于美国加利福尼亚州的旧金山。父亲廖竹宾是华侨商人。祖籍广东省惠阳鸭仔埗乡。

1885年（清光绪十一年　乙酉）八岁

入旧金山的美国学校读书，同时在私塾学习中文。

1893年（清光绪十九年　癸巳）十六岁

父亲在旧金山病故，护送父亲灵柩回家乡，随后在家乡从儒师梁缉嘏读私塾，学经史论策旧学。

1896年（清光绪二十二年　丙申）十九岁

受维新思想影响，放弃旧学，赴香港入读皇仁书院。

1897年（清光绪二十三年　丁酉）二十岁

10月，与何香凝在广州成婚。寄居胞兄房屋，在天台搭小屋居住，把小屋命名为“双清楼”。

1902年（清光绪二十八年　壬寅）二十五岁

秋，得何香凝资助，赴日本东京留学，入日语学校补习。

1903年（清光绪二十九年　癸卯）二十六岁

9月，入早稻田大学政治经济预科学习。

同月，与何香凝一起会见孙中山，参加孙中山领导的反清革命活动。

1905年（清光绪三十一年　乙巳）二十八岁

8月20日，中国同盟会在东京成立，时因事返广东，未能参加成立大会。

9月1日，由广东抵达东京，经何香凝、黎仲实介绍，参加同盟会，任总部副会计长和外务部干事。

11月，以“屠富”笔名，在同盟会机关报《民报》第一号上，发表亨利?乔治的《进步与贫乏》一书的部分译文。此后又以“渊实”为笔名，在《民报》发表《社会主义史大纲》等四篇译文。

1906年（清光绪三十二年　丙午）二十九岁

3月，奉孙中山之命回国在天津设机关，与法国社会主义者布加卑联络。不久，返回东京。

9月，转入东京中央大学政治经济科继续学习。

1907年（清光绪三十三年　丁未）三十岁

春，奉孙中山之命回国策划武装起义，参与“黄岗之役”的准备工作。不久返回日本。

1909年（清宣统元年　己酉）三十二岁

夏，毕业于日本中央大学政治经济科，旋即回国内从事反清活动。后在北京参加留学生科举考试，中法政科举人。被清政府派往吉林，任吉林巡抚、边防督办陈昭常的幕僚兼翻译并协办理延吉归还祖国的交涉。

1910年（清宣统二年　庚戌）三十三岁

仍在陈昭常幕中工作，并协助同盟会会员吴禄贞开展秘密反清活动。

1911年（清宣统三年　辛亥）三十四岁

11月，武昌起义爆发后广东军政府成立，应邀从东北回广州，任咨议局参议和广东军政府财政司副司长。

12月21日，偕胡汉民等赴香港，迎接自欧洲归国的孙中山。

1912年（中华民国元年　壬子）三十五岁

春，被召至南京，一度参加“南北议和”时南方代表团的工作。

4月，跟随辞去临时大总统的孙中山赴上海、武汉、福建等地视察。25日返抵广州，随即担任广东都督府财政司司长。

6月12日，在临时省议会作“地税换契案”的说明。

12月，为粤省财政问题，赴北京与北京政府交涉。

1913年（中华民国二年　癸丑）三十六岁

3月12日，离广东抵达上海，与宋教仁等商讨应付时局的对策。

同月20日，在上海车站送宋教仁北上参加即将召开的国会，宋被袁世凯派人枪杀于车站。

5月，奉孙中山命赴北京发动议员反袁。

8月，孙中山发动的讨伐袁世凯的“二次革命”失败，偕何香凝等逃亡日本。

1914年（中华民国三年　甲寅）三十七岁

5月，协助孙中山在东京筹建中华革命党。

7月8日，中华革命党在东京正式成立，被任为该党财政部副部长。

1915年（中华民国四年　乙卯）三十八岁

夏末，参加孙中山召开的中华革命党部长会议，会议决定组织中华革命军。

1916年（中华民国五年　丙辰）三十九岁

5月初，偕何香凝随孙中山从日本返抵上海。

5月25日，代表孙中山赴青岛慰劳中华革命东北军。

9月8日，和胡汉民赴北京，代表孙中山同黎元洪、段祺瑞商讨国事。月底，独自留京办理偿还辛亥革命和讨袁时的华侨借款事宜，11月南返。

1917年（中华民国六年　丁巳）四十岁

7月6日，为协助孙中山进行“护法”，与朱执信、何香凝等赴广州。

9月，“护法”军政府在广州成立，被任命为财政部次长，署总长职。

秋、冬，多次致函南洋各地华侨，为“护法”运动筹款。

1918年（中华民国七年　戊午）四十一岁

2月，与何香凝同赴日本，筹备发行军政府公债券及与日本友人联络。

3月至6月，为筹措援闽粤军费，多次往返于日本、上海、广东之间。

秋，返回上海，同因护法失败离粤赴沪的孙中山会合。

1919年（中华民国八年　己未）四十二岁

6、7月 间，根据孙中山的指示，与朱执信、胡汉民等在上海筹办《星期评论》和《建设》杂志，探讨革命理论。7月至11月，在《星期评论》和《建设》上发表了《三大民权》、《全民政治论译本序》等多篇文章，宣传“孙文学说”。同时，翻译孙中山用英文写的《实业计划》第一纲领，在《建设》上发表。

10月，中华革命党改组为中国国民党，被任为财政部主任。是年，两次奉孙中山命赴福建漳州，协助援闽粤军解决财政困难。

1920年（中华民国九年　庚申）四十三岁

春，发表 《国民的努力》、《再论钱币革命》等文章，阐发了建设新国家的设想。

4月11日，奉孙中山命抵达漳州，催促粤军回粤，并为粤军解决财政困难。

6月29日，再赴漳州，协助粤军工作月余，多次致函孙中山，分析了粤军内部情况及福建形势。

9月底，为策划讨伐桂系军阀，离上海抵香港。

10月底至11月初，接连致函孙中山，报告广东战况并提出对策。

1921年（中华民国十年　辛酉）四十四岁

1月8日，被护法军政府任命为财政部次长。

5月，孙中山任非常大总统的革命政府组成，被任命为财政部次长，代理部长。

7月，代表孙中山赴梧州慰劳入桂作战的粤军。

10月，随孙中山前往广西，为北伐出师做准备，负责争取陈炯明支持北伐。

12月，在广州接待赴广西会见孙中山的共产国际代表马林，并派专人护送马林至桂林。

1922年（中华民国十一年　壬戌）四十五岁

1月，现次由广西返沪路过广州的马林。

春，为调和孙中山与陈炯明的矛盾，争取陈炯明参加北伐奔波于广州、肇庆、梧州等地，做说服陈炯明的工作。

4月24日，到肇庆迎接孙中山回广州，改道江西进行北伐。

6月14日，被决意叛变革命的陈炯明诱禁，囚于广州郊区石井的广东兵工厂。被囚期间，写下诗词十多首，表达了反抗军阀、视死如归的革命精神。

8月18日，由于何香凝的营救获释，翌晨即赶赴上海。此后，协助孙中山开展联俄、联共工作。

9月底，与何香凝、许崇清乘船离沪赴日。代表孙中山在日本同越飞随员起草了《孙文越飞宣言》初稿。

11月上旬，离日本返抵上海。

11月24日，被孙中山派往福建，协助许崇智的东路讨贼军工作，直至翌年初。

1923年（中华民国十二年　癸亥）四十六岁

1月11日，奉孙中山命，由闽返沪。

1月下旬，苏俄驻华全权代表越飞飞抵上海，同孙中山举行会谈。并于1月26日发表《孙文越飞宣言》，确定了联俄、联共的原则。

1月25日，被任命为国民党参议，协助孙中山进行国民党改组工作。

2月初，抵达日本热海。代表孙中山与越飞继续会谈。这次会谈进行了约一个月，讨论了联俄、联共的细则。

3月1日，以孙中山为大元帅的海陆军大元帅大本营成立，被任命为财政部长。

3月中、下旬，离日本回国。

5月7日，调任广东省省长，仍致力于统一财政工作。

10月1日，兼任筹饷局总办。在此前后，多次发出统一财政的命令和函电。

10月19日，被委任为国民党改组委员。

10月25日，主持召开国民党特别会议，商讨改组国民党的有关问题。会上宣布组成以廖仲恺等九人为委员的临时中央执行委员会。

10月28日，主持召开国民党临时中央执行委员会第一次会议，宣告成立临时中委会，并决定于1924年1月召开“一大”，随后组织起草了“宣言”、“党纲”、“章程”等多种文件草案。

11月11日，主持召开广州市党员大会，传达孙中山有关国民党改组的指示，并发表演说。

11月30日，奉孙中山命抵达上海，负责与北方各支部协商国民党改组及召开“一大”的有关问题，并协助组织上海临时执行部。

12月9日，在上海国民党中央第十次干部会议上作报告，阐述改组国民党的重大意义。

1924年（中华民国十三年　甲子）四十七岁

1月19日，主持国民党“一大”预备会议，作了大会有关筹备概况的报告。

1月20日，中国国民党第一次全国代表大会在广州开幕。在下午的大会上发言。

1月23日，在讨论《中国国民党第一次全国代表大会宣言》时发言，强调“宣言”的重要性，指出必须为其实现而奋斗。

1月28日，在大会讨论《中国国民党章程草案》时，驳斥国民党右派对联共政策的攻击和污蔑。

1月29日，被任命为海陆军大元帅大本营秘书长。

1月30日，在大会上发言，主张收回租界和取消领事裁判权。与孙中山一起，拟定第一届中央执行委员、监察委员候选人名单。当选为中央执行委员。

1月31日，在孙中山主持的国民党一届一中全会上，被推为中央常务委员，后又确定兼任工人部部长。

2月23日，被任命为黄埔军校筹委会代理委员长。

2月24日，主持国民党追悼列宁大会并发表演说，称“列宁先生是打破帝国主义的实行家。”

3月1日，辞去广东省省长职。集中精力筹办黄埔军校。2月下旬至4月上旬，接连十多次函电蒋介石，促其返广州办理军校事宜。

5月1日，广州市工人代表会开幕，担任该会主席。

5月9日，被委为黄埔军校国民党党代表。

5月29日，出席南海县南浦农团军成立典礼。

5月，在黄埔军校作了三次演讲。支持开办“工人运动讲习所”并到所演讲。

5、6月间，协助国民党中央制定对农民运动的宣言及农会章程。

6月13日，被任命为广东省省长。

6月16日，出席黄埔军校开学典礼。

6月21日，为沙面炸弹案发布《悬赏缉凶命令》。发出《驳斥英领事函》，并致电中国驻法使馆驳斥帝国主义者的污蔑。

7月11日，国民党中央政治委员会正式成立，孙中山任主席。廖仲恺被任命为委员，后又被任命为军事委员会委员。

7月19日，复函法领事，支持沙面洋务工人罢工。

7月24日，以省长名义，命令各县县长协力组织农会。

7月28日，和孙中山一起，出席国民党农民党员联欢会并发表演说。

8月上旬，以省长名义，两次命令禁止成立商团联防总部。后又签署布告扣留商团头子陈廉伯私运的军火。

8月中旬，调黄埔学生军及工团军、农民自卫军加强广州的保卫工作，以防止商团闹事。

8月23日，发布通缉陈廉伯、陈恭受的命令。

8月下旬，多次布告劝商民不要罢市。

8月29日，由于右派分子的“调停”，严惩商团的主张不能贯彻，辞去广东省省长职务。

9月12日，被任命为大本营财政部长兼军需总监。因多次通电各军交还财权无效，终未就职，并于9月17日通电辞职。

9月，赴韶关参与北伐的领导工作。

10月10日，成立革命委员会以处理商团叛乱，孙中山任会长。廖被任命为全权委员，后又兼秘书。

10月15日，商团叛乱被平定。

10月底至11月初，接连致函孙中山，报告广东战况并提出对策。

11月11日，被任命为各军官学校和讲武堂的党代表，并兼任中央农民部部长。

12月16日，以大元帅名义发布命令，支持广宁农民的斗争，并先后派出铁甲车队和士兵到广宁支援农民运动。广宁农民的斗争至翌年2月胜利结束。

12月24日，参加决策第一次东征，并组成东征军军事委员会。

1925年（中华民国十四年　乙丑）四十八岁

1月25日，主持列宁逝世周年纪念会并发表演说。

2月初，闻孙中山在北京病重，拟北上侍疾，孙中山复电阻止。

3月5日，赴东江前线视察并慰问东征军。孙中山于北京逝世后，在东征前线悼念孙中山。

3月18日，由潮汕抵香港，向记者介绍东征军的战绩。

3月21日，在广州主持国民党中央执委第六十九次会议。此后半个月中，又连续主持多次会议，通过了改香山县为中山县及建立党军等决议案。稍后被任命为党军的党代表。

4月6日，致电在汕头的许崇智、蒋介石，促组织农民自卫军。

4月上中旬，在黄埔及广州主持追悼孙中山大会。

4月下旬，因发现滇、桂军阀杨希闵、刘震寰有叛乱企图，急赴汕头与许崇智、蒋介石商议，作出东征军回师广州的决定后，又立即赶回广州，同胡汉民研究对策。

5月1日，出席在广州举行的“中华全国第二次劳动大会”和广东省“第一次农民代表大会”，并代表国民党致词。接着，广东省农民协会成立，被聘为顾问。

5月12日，为对付杨、刘叛乱，再赴汕头。在汕与许、蒋及苏联顾问会商后即返广州。5月21日起，东征军开始回师广州。

5月20日，在上海《民国日报》上发表《革命派与反革命派》的著名论文，明确指出国民革命是要打倒官僚军阀与帝国主义。

5月27日，出席广州商民会议，针对“广州共产”的谣传进行辟谣。29日，又在大本营的记者招待会上进行辟谣。

6月初，派员联络广九、广三、粤汉铁路工人及广州附近海员同时罢工，以阻止杨、刘叛军调动。并以大本营的名义发表通电，撤销杨希闵、刘震寰各项职务，历数其罪行。

6月15日，出席大本营会议并作了重要讲话。会议决定成立国民政府，各军将改称国民革命军。

6月，省港大罢工爆发。为罢工工人解决了食宿问题。罢工委员会成立后，被聘为顾问。

6月23日，主持在广州东较场举行的工农兵学商声援上海惨案及支持省港罢工大会。会后，十万群众大游行，发生了“沙基惨案”。

7月1日，国民政府正式组成，任财政部长。稍后，军事委员会成立，任常务委员。

7月2日，被广东各界对外协会推为主席。此后，多次主持该会会议，并为支持省港罢工作出“经济封锁香港”等决议。

7月3日，广东省政府组成，任政府委员兼财政厅长。

7月14日，黄埔军校开办政治班，被聘为教官，多次到校作题为《帝国主义侵略史》的长篇报告。

7月中至8月中，多次到省港罢工工人代表大会作报告，并参加罢工工人修建黄埔公路的破土动工仪式。

8月20日，被帝国主义者及国民党右派所收买的凶手暗杀，为中国革命献出了宝贵生命。

跋

以伟大的爱国主义者廖仲恺先生光辉业绩、思想及其高尚品德、情操，激励今人、教育后代，是我们关心下一代工作委员会义不容辞的责任。而《廖仲恺故事》是发掘惠州地方人文资源、关心教育下一代最鲜活的好题材！

惠州，人杰地灵，英才辈出。廖仲恺、叶挺、邓演达，称得上“惠州三杰”，尽人皆知。尤以“仲恺”光辉名字命名的学校、道路、开发区，更是绘进地图、载入史册、流芳百世。然而，真正了解廖仲恺生平事迹、领会廖仲恺思想精神的当代人为数不多。故此，我以虔诚之心推崇《廖仲恺故事》，为它的出版助力，并衷心感谢辛勤笔耕的作者和资助出版、购书赠与各界的有识之士。

罗阳明

2012年6月12日

（罗阳明：仲恺高新技术产业开发区关心下一代工作委员会主任）

后　记

龙年伊始，接惠州市关工委、市委党校教授林炳良先生电话，言及市关工委正筹划出“朝阳读书”系列丛书，其中谈到“惠州三杰”廖仲恺、叶挺、邓演达值得大书特书，要我负责写《廖仲恺故事》，为广大青少年提供爱国主义、革命传统教育的精神食粮。这是大好事，大德行，于公于私，善莫大焉。

我虽爽快允诺，然心怀惴惴，毕竟仲恺先生太伟大，有关先生之生平传略、历史功绩之论述，中外著名专家均有著述，笔者何能，担此履冰大任？幸笔者早年结识仲恺农业工程学院余德富老师，他是研究廖仲恺的专家，前几年出版的《双清传略》《双清诗词书法集》《廖仲恺遇难记》《情系双清》等几部讴歌廖仲恺、何香凝革命生平的书就是他的研究成果。

我和余老师只是电话联系，他即欣然应允合作完成。原来，他退休后还任着仲恺农业工程学院关工委副秘书长一职，古稀之年仍热心为青少年写点塑魂励志益身心的文字。他回应得干脆，我也顿觉轻松。

“操千曲而后晓声，观千剑而后识器。”余老先生对廖仲恺生平有关资料的掌握和洞悉，在他所著几部大作中反映出来的对仲恺先生有关材料的细心挖掘和精确审视，完全可以用“冰冻三尺，非一日之寒”来形容。他对廖仲恺先生为革命而献身之大无畏精神的景仰之情，为激励后人继承革命先烈的光荣传统，为构建和谐社会而不辍笔耕的执着追求，简直就是“曾经沧海难为水，除却巫山不是云”的仲恺情结的现代版。

不到两个月，余老师就完成全书初稿，并附“仲恺大事年表”、“仲恺诗词选编”。全书按时间顺序，铺排史实，刻画人物，以叙为主，辅以议论抒情，故事性强，十分适合青少年阅读需求。我只是做点文字修饰校对，完全属于不揣浅陋。

而今此书即将付印，要交代的事情很多，但首先要感谢惠州市关工委主任林炳良先生，由他牵线，我结识了仲恺高新区关工委主任、义无反顾支持我们出书并亲自写跋的罗阳明先生；更应感谢仲恺区委书记钟一尔先生，他在百忙之中拨冗亲自审阅书稿，并欣然为此书作序；其次，要感谢仲恺农业工程学院关工委主任张钜焕，他以弘扬仲恺精神为己任，提出把写廖仲恺故事作为两地关工委合作交流项目，力促出书。当然还要衷心感谢惠州市日月实业有限公司罗胜前总经理、惠州市绿叶集团有限公司董事长叶柏林先生、惠州市三阳酒店有限公司董事长杨满芳先生、惠州市顺达实业发展有限公司董事长唐桂棠先生，是他们怀着对仲恺先生的无限景仰之情，慷慨解囊，热心支持本书的出版。

诚然，还应由衷感谢广东人民出版社，是他们以繁荣社会主义文化、讴歌时代主旋律为己任，为本书的出版提供有力的支持。要感谢的各位贤达还有很多，因篇幅所限，恕难道一一，在此一并致谢。

“无错不成书”，本书难免有错漏，欢迎读者诸君批评指正。

方文良

2012年6月18日